에라스무스 평전

광기에 맞선 이성

슈테판 츠바이크
Stefan Zweig

정민영 옮김

에라스무스 평전

TRIUMPH UND TRAGIK
DES ERASMUS
VON ROTTERDAM

ERASMUS

원더박스

차례

나는 에라스무스 폰 로테르담이
어느 편에 가담해 있는지 알아보려 했다.
그러나 어떤 상인이 내게 대답했다.
"에라스무스는 늘 자기 자신만을 대표하죠.
Erasmus est homo pro se."

『무명 인사 서한집Epistolae abscurorum virorum』(1515)

사명과 삶의 의미

시대는 그를 오른쪽으로 또는 왼쪽으로 가라며
혼란 속으로 떠다밀고,
이 패거리 아니면 저 패거리에 들어가라 하며,
이러이러한 주장을 하라거나
어느 한 편에 설 것을 강요한다.

✝

당대에 가장 위대하고 훌륭한 인물로 명성을 누렸던 ― 우리는 이를 부인하지 않는다 ― 에라스무스 폰 로테르담, 그러나 오늘날엔 그저 한 인물의 이름일 뿐이다. 지금은 잊힌, 초국가적 언어였던 라틴어로 쓰인 그의 수많은 저작물은 누구의 방해도 받지 않고 도서관에 곤히 잠들어 있다. 한때 세계적으로 널리 읽힌 그의 저작물 중, 우리의 시대로 넘어와 이야기되는 것은 거의 없다. 개인적 모습 또한 파악하기 어렵고, 새어 들어오는 여러 빛과 모순들 속에서 어른거리고 있어서 다른 세계 개혁자들의 강하고 격렬한 형상에 가려 심하게 그늘져 있다. 그의 사생활에도 이야기할 만한 흥밋거리는 거의 없다. 고요함의 인간이자 끊임없이 일한 그는 좀처럼 감각적인 이력을 만들지 않았다. 그러나 에라스무스의 업적은 현대의 의식 곳곳에 흩뿌려져 있다. 다만 건물 아래 주춧돌처럼 숨겨져 있을 뿐.

그렇다면 무엇이 역사 속에 고이 잠든 위대한 자 에라스무스 폰 로테르담을 오늘날에도 여전히, 바로 오늘날에도 중요하게 만들고 있는가. 먼저 이에 대해 분명하고도 간략하게 말해 보자면 그는 서양의 모든 저술가와 창조자 가운데 최초의 의식 있는 '유럽인'이었으며, 최초의 비판적 평화 애호자였고, 인문주의 이상과 세계 우호 정신이라는 이상을 위한 달변의 변호사였다. 한편 우리의 정신세계를 더욱 정의롭고 더욱 화합된 모습으로 만들기 위한 싸움에서 패배한 그의 비극적 운명은 그를 더욱 친근하게 느끼게 한다.

에라스무스는 우리가 사랑하는 많은 것, 문학과 철학, 책과 예술 작품, 여러 언어와 민족을 사랑했다. 그리고 더욱 숭고한 과제인 교화를 위해 차이를 두지 않고 모든 인류를 사랑했다. 그런 그가 이성에 반하는 정신이라며 증오한 단 한 가지가 있으니, 그것은 바로 광신이었다. 모든 인간 중에 가장 광신과 먼 사람, 가장 높은 등급의 정신은 아니더라도 가장 폭넓은 지식의 소유자, 소란하지 않은 관용과 진정 성실한 선의 자체였던 에라스무스는 모든 형태의 편협한 성향에서 우리 세계에 내려오는 유전 질환을 인식하였다. 그의 설득에 따랐더라면 개인과 민족 사이의 거의 모든 갈등은 상호 양보를 통해 폭력 없이 조정될 수 있었을 것이다. 모든 사람에겐 그래도 인간적인 면이 있기 때문이다. 상황을 몰아가는 자들, 상황을 과도하게 몰아대는 자들도 늘 전쟁의 활을 당기지는 않았을 것이다. 에라스무스는 종교, 국가, 세계관 등 어느 영역에서든 타협을 원천적이고 무차별적으로 파괴하는 모든 유형의 광신과 투쟁했다. 그는 성직자의 옷을 입었건 교수의 직위에 있건 상관없이 고지식하고 편협한 자들을 미워했고, 인종과 계층 관계없이 자신의 생각에 맹종을 요구하고 다른 모든 견해를 경멸적으로 이단이라 부르거나 악행으로 여기는 모든 사상가와 광신자를 미워했다. 에라스무스 자신이 그 누구에게도 자신의 견해를 강요하지 않았던 것처럼, 그는 어떠한 종교적, 정치적 신봉도 강요받지 않기 위해 단호하게 저항했다.

생각의 자유는 그에게 자명한 것이었다. 이 자유로운 사상가는 누군가가 설교단이나 강단에 서서 자기 자신의 개인적 생각을 마치 신이 자기에게, 자기의 귀에만 대고 말해 준 어떤 교시인 양 설교하는 상황을 마주할 때면 이 세계의 신이 가지고 있는 다양성이 위축된다고 생각하였다. 그는 일평생 불꽃처럼 타오르는 폭발적인 지식의 힘을 이용해 자신만의 망상에 빠진 독선적 광신자들과 싸웠다. 그는 좀처럼 없었던 행복한 시간에만 그들에 대해 미소 지을 뿐이었다. 그러나 이같이 온화한 순간에도 그는 편협한 광신을 그저 수많은 형태의 '어리석음' 중 하나로 여겼으며, 그 어리석음의 수많은 변종과 변형된 모습을 자신의 저작 『우신 예찬Moriae encomium』에서 재미있게 분류하고 희화화하였다. 진실로 편견이 없는 공정한 사람이었던 에라스무스는 자기의 완고한 적을 이해했고 불쌍히 여겼다. 그러나 그는 인간의 본성 속에 있는 그 재앙의 정신, 즉 광신이 자신의 온화한 세계와 삶을 파괴하리라는 것을 깊이 알고 있었다.

에라스무스의 사명과 삶의 의미는 대립하는 것들을 인간애의 정신 속에서 조화롭게 통합하는 데 있었다. 그는 모든 일을 조화롭게 연결하고 갈등을 대화로 푸는 천성을 가진 사람으로 태어났다. 괴테 역시 극단적인 모든 것을 거부한다는 점이 그와 닮았다. 모든 폭력적 변혁, 모든 혼란, 모든 불화는 세계이성의 순수한 본질에 어긋나는 것이었으며, 에라스무스는 세계이성의 충실하고 조용한 심부름꾼으로 종사하는 것을 자신의 의무라고 느꼈다. 특히 그가 보기에 전쟁은 내부의 대립을 가장 거칠고 폭력적으로 종식하는 형식이었기에 도덕적으로 사고하는 인류와는 결합될 수 없었다. 너그러운 마음으로 이해함으로써 비범한 술책과 갈등 들을 약화하고, 희미한 것을 밝게 해 주고, 혼란을 수습하고, 찢긴 것은 새로 엮어 주며, 고립된 것에는 지고한 공통의 관련성을 부여해 주는 것이 그의 천부적 재능인 인내가 가진 본래의 힘이었다.

이처럼 다양한 그의 이해를 향한 의지를 동시대인들은 감사한 마음으로 '에라스무스적인 것Das Erasmische'이라 불렀다. 에라스무스는 바로 그 '에라스무스적인 것'에서 세상을 얻고자 했다. 내면에 창조적인 것의 모든 형태, 말하자면 시인과 철학자, 신학자, 그리고 교육자의 모습이 하나로 통합돼 있던 그는 이 세상에서 화합하지 못하는 것들의 결합도 가능하다고 여겼다. 그의 중재 기술 앞에서는 어떤 영역도 도달할 수 없거나 낯선 것으로 남아 있지 못했다. 에라스무스에게는 예수와 소크라테스, 그리스도교 교리와 고대의 지혜, 경건성과 도덕성 사이의 대립이 존재하지 않았다. 서품을 받은 신부였던 그는 이교도들을 관용의 뜻에 따라 자신의 정신의 천국으로 이끌어 들였으며, 그들을 그리스도교 교부敎父들의 형제처럼 생각했다. 그에게 철학은 신학과 마찬가지로 신을 구하는 하나의 형식이었고, 가장 순수한 형식이었다. 그는 고대 사람들이 감사의 마음으로 그리스의 올림포스산을 우러러보았듯 그리스도의 하늘을 두터운 믿음으로 우러러보았다. 그는 감각적으로 즐거운 충만함이 흐르던 르네상스를 종교개혁의 적으로 본 칼뱅이나 다른 광신자들과 다르게 종교개혁의 자유로운 누이로 보았다.

어느 나라에도 정주하지 않았고, 머무른 모든 나라를 고향처럼 여기고 지냈으며, 최초의 의식 있는 세계주의자이자 유럽인이었던 그는 결코 다른 나라에 대한 어느 한 나라의 우월성을 인정하지 않았다. 민족의 가치를 평가할 때에도 그 민족의 가장 고귀한 정신과 가장 틀이 잡힌 정신, 그리고 그들의 사회 지도층을 보고 평가하도록 자신의 마음을 다스렸기 때문에, 여러 민족 모두를 사랑스럽게 여겼다. 모든 국가와 인종, 계층을 막론하고 모든 고결한 사람들을 커다란 교양인 동맹체로 불러 모으는 것, 이 숭고한 시도를 그는 자기 삶의 본질적인 목표로 받아들였다.

그는 언어 위의 언어, 라틴어를 새로운 예술 형식과 이해의 언어로 상승시켰고, 유럽의 여러 민족에게—이는 정말 잊을 수 없는 업적이다!—세계시간의 영속을 위한 초국가적으로 통일된 사고 형식과 표현 형식을 창조해 주었다. 그의 폭넓은 지식은 감사한 마음으로 과거를 돌아다보았으며, 그의 두터운 믿음의 정신은 확신에 가득 차 미래를 바라보았다. 어리석음과 악함, 끊임없는 증오로 신의 계획을 혼란에 빠뜨리려는 세상의 야만스러움을 그는 고집스럽게 무시했다. 오직 상류의 영역, 형식을 갖춘 창조의 영역만이 그를 친근하게 끌어들였다. 그는 그 공간을 넓히고 확대하는 것이 정신적인 사람들의 과제라 여겼고, 언젠가는 마치 하늘의 빛처럼 조화롭고 순수하게 전 인류를 껴안으리라 생각했다. 이는 초기 인문주의의 내면적인 믿음(이자 아름답고도 비극적인 오류)이었다.

에라스무스와 그를 추종하는 사람들은 계몽을 통한 인류의 진보를 가능한 것으로 여겼으며 글과 연구, 책의 보편화를 통해 개인과 공동체가 교육받을 수 있기를 기대했다. 이러한 초기 이상주의자들은 배움과 독서를 끊임없이 장려하여 인간의 품성을 고상하게 만들 수 있다는 것에 거의 종교적인 확신을 갖고 있었다. 책에 대한 믿음이 강한 학자였던 에라스무스는 도덕이 완전하게 가르칠 수 있고, 배울 수 있는 영역이라는 사실을 결코 의심하지 않았다. 그리고 '조화로운 삶'이라는 문제는 그 자신이 아주 가까이 도래했다고 내다본 '인류의 조화'를 통해 이미 보장된 것처럼 보였다.

이러한 지고한 꿈은 마치 강력한 자석처럼, 모든 나라에서 그 시대에 가장 훌륭한 사람들을 끌어당기는데 아주 적합한 것이었다. 사실 항상 도덕을 생각하는 사람에게는 자신의 존재가 하찮고 공허한 것으로 보인다. 자기 또한 한낱 개인일 뿐, 세상이 도덕적으로 개선되는 데 무엇인가를 더할 수 있으리라는 위안의 생각도, 영혼을 넓혀 주는 환상도 없는 존재로 보이는 것이다. 우리의 현재는 단지 더욱 지고한 완성을 향한 단계일 뿐이며 훨씬 더 완벽한 삶을 준비하는 과정일 뿐이다.

인류의 도덕적 진보에 대한 희망의 힘을 새로운 이상을 통해 확인할 줄 아는 사람은 자기 세대의 지도자가 될 것이다. 에라스무스가 그러했다. 인류애의 정신으로 유럽을 통일시킨다는 그의 생각은 당대에는 대단히 유망한 것이었다. 당시 유럽은 세기 전환기의 위대한 발견과 발명, 르네상스를 통한 학문과 예술의 회복이라는 즐겁고도 초국가적인 집단체험을 겪었기 때문이다. 긴 어압의 세월이 지난 후 서양의 세계는 처음으로 자신의 사명에 대한 확신을 품고 있었고, 모든 나라에서 최상의 이상주의의 힘이 인문주의로 흘러들고 있었다. 모든 사람이 교육의 세계에서 시민이, 세계시민이 되고자 했다. 황제와 교황, 군주와 신부, 예술가와 정치인, 청소년과 여성 들이 예술과 학문 수업을 받기 위해 경쟁했으며, 라틴어는 그들의 공통어가 되었다. 정신의 에스페란토가 된 것이다. 로마 문명의 붕괴 이후 처음으로 ― 우리는 이 업적을 찬양한다! ― 에라스무스의 학자 공화국을 통해 다시 공동의 유럽 문화가 세워지고 있었다. 처음으로 어떤 단일 국가의 허영이 아닌 전 인류의 복지가 집단의 목표가 되고 있던 것이다. 정신 속에서 서로 결합하라는 정신적인 사람들의 요구, 언어를 초월해 서로를 이해하려는 열망, 국가를 넘어 궁극적인 자유를 얻으리라는 희망, 이러한 이성의 승리는 에라스무스의 승리이기도 했으며, 그의 신성한 세계시간이었다. 그러나 이 세계시간은 짧고 덧없는 것이었다.

어째서―고통스러운 질문이다―그토록 순수한 세계가 지속될 수는 없었는가? 어째서 정신적 화합이라는 지고하고 인도적인 이상은 늘 승리하지 못하고, 어째서 '에라스무스적인 것'은 모든 증오의 불합리에 대해 그토록 오래 교육받아 온 인류에 실제적인 힘을 발휘하지 못했는가? 유감스럽게도 우리는 누구나 다 잘 사는 것을 추구하는 이상이 결코 폭넓은 민중을 만족시키지 못한다는 사실을 분명하게 인식해야 한다. 일반적으로 증오는 순전한 사랑의 권능 옆에서 어두운 제 권리를 요구한다.

그리고 개인의 욕심 역시 모든 생각으로부터 개인적 이익을 원한다. 대중은 추상적인 것보다 구체적이고 명료한 것을 항상 더 쉽게 이해하므로 정치적 면에서도 어떤 이상보다는 적대적인 구호를 따르는 것이 쉽다. 다른 계층, 다른 인종, 다른 종교를 적대하는 것이 이해하기 편한 탓이다. 광신의 무모한 불꽃이 가장 쉽게 불붙는 것이 바로 증오다.

이와 반대로 에라스무스적인 것처럼 순수하고 조화를 추구하며 초국가적이자 범인류적인 이상은 투쟁적으로 보이길 원하는 젊은이들에게 가닿지 않는다. 에라스무스 정신은 인상적이지 않을뿐더러 경계 저편과 자신의 종교 바깥에 적을 두는 독불장군과 같은 원초적인 자극을 결코 가져다주지 않기 때문이다. 그런 까닭에 인간의 불만을 일정한 방향으로 몰아가는 파벌 성향의 사람들이 언제나 더 쉽게 삶을 살아갈 것이다. 그러나 증오의 열정에 공간을 허락하지 않는 인문주의, 에라스무스의 가르침은 보이지 않는 먼 목표를 향해 인내하고 경주한다. 하지만 그것을 꿈꾸는 민족이 없다면, 다시 말해 하나의 '유럽 국가'가 실현되지 않는 한, 정신적인 이상으로 남을 뿐이다. 그렇기에 이상주의자인 동시에 또한 인간의 본성을 잘 알고 있는 사람은 자신의 작품이 열광의 비합리에 의해 끊임없이 위협받는다 해서 어쩔 줄 모르는 태도로 미래 인류를 위한 소통과 화합을 단념할 수는 없는 일이다. 그들은 인간의 충동 세계 저 밑바닥 근원으로부터 엄청나게 불어나 쏟아지는 광신의 격류가 모든 둑을 무너뜨린다는 사실을 헌신적으로 인식하고 있어야 한다. 거의 모든 새로운 세대가 이러한 타격을 받으며, 그 타격을 내면의 혼란 없이 견뎌 내는 것이 새로운 세대의 도덕적 과제인 것이다.

그러나 에라스무스의 개인적 비극은, 모든 인간 중에 가장 광신과 멀고 광신을 반대한 그가 초국가적 이념이 승리를 확신하며 처음으로 유럽을 밝게 비추던 바로 그 순간에, 난폭하게 터져 나온 종교의 대중적인 열광 속으로 휩쓸려 들어갔다는 데 있다. 우리가 역사적으로 의미 있게 언급하는 사건은 일반적으로 살아 있는 사람들, 즉 당시의 민중 의식으로까지는 내려가지 않는다. 전쟁의 커다란 파도는 단지 개개의 소수 부족이나 개별적인 지역을 덮칠 뿐이다. 그래서 일반적으로 사회적 논쟁이나 종교적 논쟁이 벌어지더라도 정신적인 사람들은 그 소동을 멀리하거나 관심을 두지 않고 스쳐 지나가듯 도외시할 수 있었다. 이에 대한 가장 좋은 예가 괴테이다. 그는 나폴레옹 전쟁이라는 혼란 중에도 자신의 작품에 열중한다.

그러나 때때로, 아주 드문 일이긴 하지만 하나의 천이 두 조각으로 갈라지는 것 같은 대립적 기운의 긴장이 생겨난다. 이 거대한 균열은 모든 국가, 모든 도시, 모든 집, 모든 가정, 모든 마음을 관통한다. 대중은 엄청난 압력으로 개인을 엄습하고, 집단의 망상 앞에 선 개인은 자신을 방어하지도 구해 내지도 못한다.

이런 광란의 파도는 어떤 안전한 자리도, 어떤 피난처도 허락하지 않는다. 이 같은 완벽한 세계 균열은 사회와 종교 문제에서, 그리고 정신 또는 신학의 대립에서 발화할 수 있다. 그러나 광신에게 어떤 소재에서 불꽃이 일어나는지는 아무런 상관이 없다. 광신은 단지 막혀 있던 자신의 증오의 힘을 폭발시키려 할 뿐이다. 군중의 광기가 종말론적인 세상을 만들어 가면 전쟁의 악마는 이성의 사슬을 끊어 놓으며 자유롭고 신나게 세상을 덮친다.

그러한 세계 분열의 끔찍한 순간에 개인의 의지는 무력해진다. 정신적인 사람은 관찰이라는 격리된 영역으로 자신을 구해 내고자 하지만 헛된 일이다. 시대는 그를 오른쪽으로 또는 왼쪽으로 가라며 혼란 속으로 떠다밀고, 이 패거리 아니면 저 패거리에 들어가라 하며, 이러이러한 주장을 하라거나 어느 한 편에 설 것을 강요한다. 이러한 시대에는 더 이상 용기, 힘, 도덕적 결의가 필요치 않으며, 수십만, 수백만 투사 중 어느 누구도 집단적 망상과 편협한 사고에 굴복하지 않으려는 중심 잡힌 사람이 되기는 어렵다. 바로 여기에서 에라스무스의 비극이 시작된다. 그는 독일의 첫 번째 개혁자로서 (그리고 유일한 개혁자로서, 왜냐하면 다른 사람들은 개혁자라기보다는 차라리 혁명가였으므로) 이성의 법칙에 따라 가톨릭교회를 개혁하고자 했다. 그러나 운명은 폭넓은 시야를 가진 정신적 인간이자 진보적 인간인 그에게 행동의 인간, 공허한 독일 민중의 힘으로부터 악마처럼 솟아오른 혁명가 루터를 보낸다. 마르틴 루터의 쇠주먹은 펜으로만 무장한 연약한 에라스무스의 손이 조심스럽고도 정성스럽게 조화시키고자 했던 것을 일격에 부숴 버린다. 이후 수 세기 동안 기독교 세계와 유럽 세계는 가톨릭과 프로테스탄트, 남과 북, 게르만과 라틴으로 분열된다. 이 순간 독일인, 나아가 유럽인에게는 단지 하나의 선택, 하나의 결정만이 존재한다. 교황이냐 루터냐, 교황의 권능인가 신약의 복음인가.

그러나 에라스무스는 그 시대의 지도자 중 유일하게 어느 편에도 가담하길 거부한다. 이는 큰 의미를 지닌다. 그는 교회의 편에도, 종교개혁의 편에도 서지 않는다. 그 양편에 모두 연결되어 있기 때문이다. 그는 확고한 신념으로 신교의 교리를 첫째 자리에 둘 것을 요구하고 장려했으므로 신교에 연결되어 있고, 몰락하고 있는 세상의 마지막 정신 통일 형식을 가톨릭교회 안에서 지키고 있기에 가톨릭과 연결되어 있는 것이다. 그러나 오른편에도 과장이 있고 왼편에도 과장이 있다. 오른편에도 왼편에도 광신이 존재하는 것이다. 광신을 반대하는 불변의 인간인 에라스무스는 이편의 과장됨도 저편의 과장됨도 아닌 자신의 영원한 판단 기준인 공정함에 봉사하려 한다. 헛된 일일 수도 있으나 그는 인간적인 모든 것, 공동의 문화 유산을 구하기 위해 중재자로서 중앙에 선다. 가장 위험한 장소에 서게 된 것이다. 그는 맨손으로 물과 불을 섞으려 하고 이 광신자를 저 광신자와 화해시키려 노력한다. 불가능한 노력, 그러나 그렇기 때문에 두 배로 숭고한 노력이다. 양편의 사람들은 그의 행동을 이해하지 못하면서도 희망을 갖는다. '여러분은 여러분 자신의 일을 위해서 나를 얻을 수 있습니다'라고 그가 온화하게 말하고 있기 때문이다. 그러나 양편의 사람들은 이 자유인이 어느 편이든 이상한 주장에 대해서는 명예를 걸지 않고 맹세도 하지 않으며, 어떠한 독단도 지원하지 않는다는 사실을 이해하지 못한다. 그래서 그에게 양 진영 모두에서 증오와 조소가 쏟아진다. 에라스무스는 어떤 파벌에도 가담하려 하지 않기 때문에 그는 양편과 함께 허물어진다. 그는 이렇게 말한다.

"나는 교황당원을 기벨린당원으로 간주하고 기벨린당원을 교황당원으로 간주한다."•

신교도 루터는 그의 이름에 대고 심한 저주를 퍼붓고 가톨릭교회는 그의 모든 책을 금서목록에 올린다. 그러나 그 어떤 위협과 욕설도 에라스무스로 하여금 이편 아니면 저편으로 가도록 만들지 못한다. 그는 결코 넘어가지 않는다.

에라스무스는 '난 어느 편에도 속하지 않는다'라는 자신의 좌우명을 마지막까지 사실로 만들며, 자기 자신만을 대표하는

• 중세 말기 격화되었던 로마 교황과 신성로마제국의 대립에서 교황을 지지한 세력을 교황당 또는 구엘프Guelfi, 황제를 지지한 세력을 기벨린Ghibellin, 또는 황제파라 일컫는다.

사람이라는 자세를 끝까지 지켜 낸다. 에라스무스의 뜻에 따르려는 정신적인 인간은 정치가와 지도자, 그리고 일방적인 열광 쪽으로 유혹하는 사람들을 상대해 이해하는 자이자 중재하는 자여야 하며 절제와 중용을 지키는 사람이어야 할 과제를 갖는다. 에라스무스는 어느 전선에도 서지 않고 모든 자유로운 사상의 공동의 적, 즉 광신에 전적으로 홀로 맞서야 한다. 이 예술가는 모든 인간다움에 공감하는 사명을 지니므로 여러 파벌로부터 멀리 떨어져서는 안 되고, 그 파벌들 위에서, 그 난투 위에서 이런저런 과도함과 투쟁하고 싸워야 한다. 그리고 모든 불길하고 무의미한 증오와 맞서 싸워야 한다.

에라스무스의 결단을 내리지 못하는 성격과 태도, 좋게 말해서 결정을 내리지 않으려는 그의 의도를 동시대인들과 후세 사람들은 단순히 비겁함으로 치부했으며, 신중을 기하는 그를 우유부단하고 변덕스럽다고 조롱했다. 에라스무스는 빈켈리트 Winkelried[•]와 달리 세상에 맞서지 않았다. 영웅처럼 나서는 태도는 그의 방식이 아니었다. 그는 조심스럽게 옆으로 비켜서기도 했고, 갈대처럼 부드럽게 오른쪽으로 왼쪽으로 흔들거리기도 했다. 그러나 그것은 자기 자신이 부러지지 않도록 하기 위해서였고 언제나 다시 똑바로 일어서기 위해서였다. 그는 '결

• 빈켈리트는 스위스의 전설적인 용병이다.

코 넘어가지 않는다'라는 독립에 대한 인식을, 화려한 성체대聖
體臺를 거만하게 내보이는 교회와 달리 외투 속에 등불을 감추
듯 숨기고 있었다. 대중의 망상이 너무도 거칠게 부딪히는 동안
엔 일시적으로 은신처와 뒷길에서 고개를 숙이고 몸을 숨겼다.

그렇지만— 이것이 가장 중요하다 —그는 자신의 정신적 보
물, '인류에 대한 믿음'을 자기 시대의 끔찍한 증오의 폭풍으로
부터 안전하게 구해 냈다. 덕분에 희미하게 타고 있는 그 작은
심지에서 스피노자, 레싱, 볼테르가 불을 붙일 수 있었고, 후대
의 모든 유럽인이 자기들의 등불을 밝힐 수 있는 것이다. 에라
스무스는 그의 시대의 유일한 정신적인 사람으로서 어느 개별
민족에게보다는 전 인류에 더 소중하게 남게 되었다. 그렇게 싸
움터로부터 멀리 떨어져 어느 군대에도 속하지 않은 그는 양
편 모두로부터 공격당해 죽었다. 고독하게, 홀로. 그러나— 이
것이 결정적이다 —어느 누구에게도 종속되지 않고, 자유로이.

역사는 패배자들에 대해선 불공평하다. 역사는 절제의 인간
을, 중재하는 자들과 화해하는 자들을, 인간적인 인간을 사랑하
지 않는다. 열광적인 자, 중용을 잃은 자, 난폭한 정신과 행동을
추구하는 탐험가 들이 역사가 사랑하는 자들이다. 이렇게 역사
는 인류의 조용한 봉사자를 경멸하고 무시했다. 종교개혁의 거
대한 그림에서도 에라스무스는 배경에 불과하다. 자신의 창조
력과 믿음에 사로잡힌 다른 이들은 자기들의 운명을 드라마틱

하게 마무리한다. 후스Jan Hus는 타오르는 불꽃 속에서 질식해 죽었고, 사보나롤라Girolamo Savonarola는 피렌체의 화형대에서 생을 마감했으며, 세르베투스Michael Servetus는 광신자 칼뱅에 의해 화염 속에 떨어져 죽는다. 모두가 비극적 결말을 맞는다. 사람들은 토마스 뮌처Thomas Münzer를 벌겋게 달은 집게로 고문하고, 존 녹스John Knox를 그의 노예선에 못 박아 버린다. 다리를 한껏 벌리고 독일 땅을 딛고 선 루터는 황제와 제국을 향해 "나는 이럴 수밖에 없다"라고 목청을 높인다. 토마스 모어Thomas More와 존 피셔John Fisher의 머리는 강제로 단두대에 올려지며, 철가시가 붙은 곤봉으로 맞아 죽은 츠빙글리Ulrich Zwingli는 카펠의 평야에 누워 있다.

쉬이 잊을 수 없는 이들의 모습, 이들은 믿음의 분노로 저항했으며, 고통 속에서 황홀해하는, 위대한 운명을 살다 간 사람들이다. 그들 뒤에선 종교적 광기의 불길한 불꽃이 넓게 타들어 가고 있으며 성곽들은 농민 전쟁으로 황폐해졌고, 광신자들은 그리스도를 잘못 이해한 채 모욕적으로 증언하고 있다. 삼십년전쟁과 백년전쟁으로 파괴된 도시와 약탈당한 농가들, 이 묵시록적 풍경들은 '양보 못 함'이라는 현세의 비이성을 하늘 앞에 고발하고 있다.

이러한 혼란에서 벗어난 곳에, 교회 전쟁의 위대한 사령관들 뒤편에, 그리고 그들 모두와 분명히 멀리 떨어진 곳에 홀로 가벼운 비탄에 그늘진 에라스무스의 섬세한 얼굴이 보인다. 그는 고문 말뚝에 묶여 있지 않고 그의 손은 칼로 무장되어 있지 않으며 그의 얼굴은 뜨거운 격정으로 일그러져 있지 않다. 그러나 그는, 홀바인Hans Holbein이 그려 낸 불후의 명작 속 모습처럼, 푸르게 빛나는 부드러운 눈을 들어 올려 대중의 열광이 만들어 내는 그 모든 혼란을 통과해 어지러운 우리의 시대를 넘겨다보고 있다. 의연한 체념의 그늘이 그의 이마를 덮는다―아, 그는 세상의 이 영원한 어리석음을 알고 있다!―그러나 가벼운, 아주 고요한 확신의 미소가 그의 입가에 맴돈다. 경험이 풍부한 그는 알고 있다. 모든 격정은 언젠가는 지쳐 사라지리라는 것을. 스스로 지쳐 버리는 것이 모든 광신의 운명이란 것을. 영원한 것은 조용히 인내하는 것이다. 이성은 기다릴 줄 알며 견딜 줄 안다. 다른 것들이 흥분해 소란을 피울 때 이성은 침묵해야 하고 입을 다물어야 한다. 그러나 이성의 시대는 온다. 언젠가, 그리고 언제나, 다시 그 시대는 온다.

시대상

종교의 스승 옆에 정신의 스승이 동등한 권리를 가지고
어깨를 나란히 하며 학문이 교회와 어깨를 견준다.
최고의 권위라는 것은 깨어지거나 최소한 흔들리게 된다.
순종적이고 아무 말 못하던 중세의 인간은 종말을 맞으며,
이전 사람들이 믿고 기도하던 종교적 열정과
동일한 정열로 질문하고 연구하는 새로운 인간이 나타난다.

유럽의 운명의 시기였던 15세기에서 16세기로 넘어가는 전환기는 그 드라마틱한 압축성으로 우리의 시대와 비견할 만하다. 유럽의 공간은 단번에 세계로 확장되고, 발견이 꼬리에 꼬리를 물고 이어진다. 새로이 출현한 해양족의 대담한 행동은 여러 시대가 무관심과 용기의 부족으로 놓쳤던 것들을 수년 만에 만회한다. 전자시계의 숫자를 넘기듯 살펴보자. 1486년, 디아스는 유럽 최초로 희망봉까지 항해를 감행한다.* 1492년, 콜럼버스는 아메리카의 섬에 도착한다. 1497년, 서배스천 캐벗**은 래브라도반도

- 바르톨로뮤 디아스의 리스본 출항은 1487년이며 희망봉 발견은 1488년의 일이다. 1486년은 포르투갈 국왕 주앙 2세가 디아스를 아프리카 탐험대장으로 임명한 해이다.
- 슈테판 츠바이크는 존 캐벗John Cabot과 그의 아들 서배스천 캐벗Sebastian Cabot을 혼동하고 있는 듯하다.

에 도착함으로써 아메리카 본토에 오른다. '신대륙'은 백인종의 의식 속에 들어있는 것이지만, 이미 바스쿠 다 가마는 아프리카 잔지바르섬을 떠나 캘리컷으로 항해해 인도로의 뱃길을 열어 젖힌다. 1500년, 카브랄은 브라질을 발견한다. 마침내 1519년부터 1522년까지, 마젤란은 가장 의미 깊고 대미를 장식하는 업적, 스페인을 떠나 스페인으로 돌아오는, 인류 최초로 전 세계를 한 바퀴 도는 여행을 수행한다. 이와 함께 처음 나왔을 때 비기독교적 가설이며 바보 같은 물건이라 조소 받았던 마르틴 베하임Martin Behaim이 1490년에 만든 작품 '지구 사과Erdapfel', 즉 최초의 지구의는 옳은 것으로 판명되고, 이 대담한 물건은 담대한 구상을 하는 데 큰 힘이 되었다. 생각하는 인류에게 이 둥근 공은 갑자기 경험할 수 있고 두루 통과해 볼 수 있는 현실이 되었다. 지금까지 그들은 미지의 영역 위에서 불확실하고 침울하게 그저 별들의 공간을 돌고만 있었던 것이다. 그저 신화적인 것으로, 끊임없이 파도치는 푸른 황야로 생각되던 바다는 이제 남김없이 조사할 수 있고 측량 가능한, 말하자면 인류에 봉사할 수 있는 생활 영역이 된 것이다.

유럽의 모험심이 일렁인다. 우주 발견을 위한 숨 막히는 거친 경쟁에 휴지기란 존재하지 않는다. 카디스와 리스본의 예포가 귀항하는 범선을 향해 환영의 축포를 쏘아 올릴 때마다 새로 발견된 땅의 소식을 듣기 위해, 생전 처음 보는 새와 동물과 사람을 보기 위해 호기심에 가득 찬 군중이 몰려든다. 그들은 은과 금을 보고 전율했고, 새로운 소식은 바람을 타고 유럽 전역으로 퍼져나갔다. 유럽은 자기 인종의 영웅 정신 덕분에 갑자기 전 우주의 중심이자 주인이 되었다. 이즈음 코페르니쿠스는 갑자기 밝아진 이 땅의 위의 상층부, 전인미답의 천체 운행을 연구한다. 그리고 이 모든 새로운 지식은 새로 개발된 도서 인쇄 기술 덕분에 지금껏 볼 수 없었던 무서운 속도로 서양의 가장 멀리 떨어진 도시, 가장 하찮은 조그만 마을에까지 파고든다. 유럽은 수 세기 만에 처음으로 삶을 고조시키는 행복한 집단체험을 하게 된다. 인간이 세상을 지각하는 주요 요소인 시간과 공간은 단 한 세대 만에 완전히 다른 척도와 가치를 얻게 된다. 마치 우리 시대가 전화, 라디오, 자동차, 비행기를 통해 갑작스러운 시공축소를 이룬 것처럼 그 시대 역시 발명과 발견을 통해 삶의 리듬의 가치 전도를 경험한 것이다.

이처럼 갑작스러운 외부 세계 공간의 확장은 당연히 그만큼 격한 정신 공간의 전환을 초래할 수밖에 없다. 각 개인들은 예기치 않게 다른 차원에서 생각하고, 계산하고, 살아야 할 상황에 처한다. 그러나 파악할 수 없는 변화에 머리가 적응하기 전에 감정이 먼저 변한다. 어떤 표준을 갑자기 상실하는 경우, 다시 말해 지금까지 영원불변의 것으로 알고 딛고 서 있었던 모든 기준과 형식이 유령처럼 자기 발아래에서 슬그머니 미끄러져 사라지면 어쩔 수 없는 혼돈이 발생한다. 불안과 광적인 흥분이 반씩 뒤섞인 상태에 빠지는 것이다. 확실했던 모든 것이 갑자기 의문스러워지고, 어제의 모든 것은 마치 수 세기가 지난 죽은 것으로 여겨진다. 스무 세대가 지나도록 뒤집을 수 없는 불가침의 영역이었던 프톨레마이오스Ptolemaeos*의 세계지도는 콜럼버스와 마젤란에 의해 어린애 웃음거리가 되어 버린다. 수 세기 동안 철석같이 믿어 온, 결점이 없는 것으로 여기며 감탄 했던 우주론, 천문학, 기하학, 의학, 수학의 저술들은 이제 효력을 잃고 낡아 빠진 것으로 간주되며, 과거의 모든 것은 새로운 시대의 뜨거운 입김 앞에 시들어 버린다.

이제 모든 주석 달기와 논쟁은 끝났다. 낡은 우상의 권위는 경외가 파괴되며 무너진다. 교조적 지식의 종이탑이 무너지며 전망은 자유로워진다. 유럽이라는 유기체에 새로운 혈액이 공급되며 지식과 학문을 향한 정신의 열기가 고조된다. 여유로이 진행되던 발전은 이러한 열기에 의해 급격히 진행되고, 존재하는 모든 것은 마치 대지의 진동에 흔들리듯 격한 움직임 속으로 빠져든다. 중세부터 내려온 질서는 흔들리며 계층 구조가 뒤섞인다. 어떤 것은 위로 올라오고 어떤 것은 가라앉으며 많은 것이 바뀐다. 기사도가 몰락하고, 도시는 발전하며, 농민은 가난해지고, 대양 너머에서 건너온 황금이 거름 역할을 하여 상업과

---

* 고대 그리스의 자연과학자. 지구를 우주의 중심으로 여겼다.

사치가 번성한다. 흥분은 점점 더 격해진다. 사회가 완전히 새롭게 구성되기 시작한다.

이는 갑작스러운 기술의 발전과 그만큼 급격한 기술의 조직화, 합리화를 통해 이루어지는 우리 사회의 재구성과 비슷하다. 말하자면 인류가 자기 자신의 업적에 의해 유린당하고 자기 자신을 따라잡기 위해 다시 온 힘을 기울여야 할 때 나타나는, 바로 그 전형적인 순간이 온 것이다.

인간의 모든 질서는 이 엄청난 충격으로 흔들린다. 이 대단한 세기 전환기, 세상이 변화하는 시기에는 보통 때 같으면 시대의 소용돌이 아래에서도 흔들리지 않았을 영혼계의 바로 그 최하층부, 종교의 영역에도 그 영향이 미친다. 가톨릭교회에 의해 완고한 형식을 갖춘 교리敎理는 바위처럼 모든 폭풍을 견뎌냈었다. 이러한 순종적 신앙은 중세의 표징이었다. 종교적 권위는 확고하게 자리를 지키고 있었고, 모든 사람은 그 거룩한 복음을 향하고 있었다. 어떠한 의심도 종교에 감히 저항하지 못했다. 그리고 저항의 움직임이 보이면 교회는 자신의 방어력을 드러냈다. 저주를 곁들인 파문은 황제의 칼을 부러뜨렸고 이단자의 숨통을 죄었다. 종교는 서로 이질적이고 때로 적대적이기까지 했던 각기 다른 민족, 다른 종족, 다른 인종, 다른 계급의 사람들을 하나의 거대한 공동체로 묶어 놓았다. 즉 중세시대 모든 서양인은 통일된 단 하나의 영혼, 가톨릭의 영혼만을 가지고 있던 것이다. 때때로 신비주의에 동요하고 자극받긴 했으나 이때까지 유럽은 교회의 품 안에서 편안히 쉬고 있었다. 진실과 학문에 대한 열망은 유럽에겐 낯선 것이었다.

　이제 처음으로 불안이 서양의 영혼을 흔들기 시작한다. 지구의 비밀들은 규명 가능해졌는데, 신의 비밀이라고 다르겠는가? 한 사람 한 사람씩 순종적으로 수그린 머리를 들어 올리고 무릎을 일으켜 세워 의문의 시선을 보낸다. 순종 대신에 새로운 생각의 용기, 질문의 용기가 그들에게 생명을 불어넣는다. 콜럼버스, 피사로, 마젤란 등 용감한 모험가들이 미지의 바다를 탐험했던 것처럼 감히 측량할 수 없는 곳으로 모험을 떠나는 정신적인 탐험가들이 탄생한다. 수 세기 동안 마치 봉인된 병 속에 갇혀 있듯 교리에 갇혀 있던 종교의 힘이 부드럽게 흘러나온다. 그 힘은 사제들의 공회의公會議를 빠져나와 민중의 밑바닥에까지 파고든다. 이 마지막 영역에서도 세상은 자기 스스로 개혁하려 하고 바꾸려 든다. 새로운 것에 도전할 때마다 승리했던, 자신감 충만한 16세기의 인간은 이제 자신이 더 이상 신이 내리는 은총의 이슬에 목말라하는 사소하고 의지력 없는 티끌이 아니라 모든 일의 중심이며 세계의 권력자임을 느낀다. 순종과 어둠은 자의식으로 바뀌고, 인류는 힘에 대한 그 자의식의 의미심장한 도취감, 그 불멸의 도취감을 르네상스라는 말로 드러낸다.

　종교의 스승 옆에 정신의 스승이 동등한 권리를 가지고 어깨를 나란히 하며 학문이 교회와 어깨를 견준다. 최고의 권위라는 것은 깨어지거나 최소한 흔들리게 된다. 순종적이고 아무 말 못하던 중세의 인간은 종말을 맞으며, 이전 사람들이 믿고 기도하던 종교적 열정과 동일한 정열로 질문하고 연구하는 새로운 인간이 나타난다. 지식에 대한 억누를 수 없는 갈망은 수도원을 나와 유럽의 모든 나라에서 거의 동시에 일어서고 있는 연구의 성곽인 대학으로 이동한다. 시인, 사상가, 철학자, 그리고 인간 영혼의 모든 비밀을 탐구하고 연구하는 자들을 위한 공간이 마련된 것이다. 정신은 이제 다른 형식으로 자신의 힘을 쏟아붓는다. 인문주의는 종교의 중재 없이 신을 인간에게 되돌려 주려고 시도한다. 처음에는 산발적이었던 종교개혁에 대한 요구는 어느새 대중의 열망에 의해 점차 고조된다.

시대의 전환점이 되는 세기 전환기, 엄청난 순간이다. 유럽은 말 그대로 심장, 영혼, 의지, 욕망을 지닌다. 유럽은 자신이 변화를 위한 불가해한 명령에 불려 나왔음을 강하게 느낀다. 시간은 이미 멋지게 준비하고 있다. 여러 나라에서 흥분이 들끓으며, 영혼 속에서는 살아 숨 쉬는 불안과 조급함이 부풀어 오른다. 이 모든 것 위로 희미하지만 분명한 하나의 음성이 들려온다. 해방의 음성, 그리고 동시에 목표를 설정해 주는 음성이.

"지금 정신에겐 세계를 개혁할 의무가 있다. 지금이 아니면 더 이상 기회는 주어지지 않을 것이다."

어두운 청년 시절

에라스무스는 작품에서 더욱 진실할 수 있기 위해
편지에서 아첨한다. 그는 자신을 끊임없이 선사하지만
어느 누구에게도 팔지 않는다.
자신을 계속 묶어 놓을 만한 모든 것을 거부한다.

국가를 초월한 정신의 최고 상징 에라스무스에겐 고향도 없고 가족도 없다. 그는 말하자면 진공의 공간에서 태어났다. 세계적으로 명성을 떨친 에라스무스 로테로다무스Erasums Roterodamus라는 이름은 조상에게서 물려받은 것이 아니라 자신이 지어낸 필명이다. 그는 일평생 모국어가 아닌 배워 익힌 라틴어를 사용했고, 그가 태어난 날과 그때의 상황은 기이한 어둠에 덮여 있다. 출생 연도라고 알려진 1466년도 확실한 것은 아니다. 이러한 모호함에 에라스무스의 책임이 전혀 없는 건 아니었다. 왜냐하면 정식 혼인 관계에서 태어나지 않은 그가 자신의 태생에 관해 말하길 꺼렸기 때문이다. 심한 말로 하자면 그는 금지된 근친상간으로 태어난 신부의 자식, 불법인 존재였다.(찰스 리드가 자신의 유명한 소설『수도원과 벽난로The cloister and the hearth』에서 에라스무스의 유년 시절에 대해 낭만적으로 이야기하고 있는 것은 물론 허구다.)

부모는 일찍 죽었고, 친척들은 이 사생아를 가능한 돈을 들이지 않고 떼어 놓으려고 조급히 서둘렀다. 다행스럽게도 교회는 재능 있는 아이를 받아들이곤 했다. 교회가 열성으로 받아들이고자 한 이 작은 아이(사실은 바라지 않던 아이)는 아홉 살 때 데벤터르의 수도원 학교에 보내지고, 조금 자란 뒤엔 헤르토헨보흐로 보내진다. 이후 1487년, 그는 스테인의 아우구스티누스회 수도원에 들어간다. 이는 종교적 성향에 따른 것이 아니라 그 수도원에 그 나라에서 가장 훌륭한 고전 도서관이 있기 때문이었다. 1488년, 그는 그곳에서 수도서원을 한다. 그러나 수도원 시절에 그가 깊은 신앙의 영예를 위해 불타오르는 영혼에 도달했다는 사실은 어느 면에서도 나타나지 않는다. 그를 사로잡은 것은 오히려 아름다운 예술, 라틴 문학과 회화繪畵였다. 이는 그가 쓴 많은 편지가 말해 준다. 어쨌든 그는 1492년, 위트레흐트의 주교로부터 성품성사를 받는다.

에라스무스는 일생 동안 종교 예복을 입은 모습을 거의 보이지 않았다. 그래서 이 자유사상가이자 편견 없는 저술가가 임종의 시간까지 신부였다는 사실을 기억하기 위해서는 상당한 노력이 필요하다. 그는 자기를 억압하는 모든 것을 조용한 방식으로 처리해 낼 수 있었고, 복장의 제약이나 어떤 강요를 당할 때 자기 내면의 자유를 방어할 수 있는 대단한 처세술을 터득하고 있었다. 에라스무스는 아주 능란하게 핑계를 대어 두 명의 교황으로부터 신부복을 입지 않아도 된다는 특별 면제 권리를 얻어 냈고, 건강 진단서를 이용해 사순절의 구속에서 빠져나온다. 그리고는 자기 상관의 모든 간청, 경고, 심지어는 위협에도 불구하고 단 하루도 수도원에 돌아가지 않았다.

이는 그의 성격 가운데 가장 의미 있는, 어쩌면 가장 본질적인 특징을 드러낸다. 에라스무스는 어느 것에도, 그리고 누구에게도 구속되려 하지 않았다. 그는 제후와 영주에 대한 부역도, 예배 자체도 받아들이려 하지 않는다. 그는 자기 본성의 강요로부터도 자유로워지고자 하며 어느 누구에게도 예속되지 않으려 한다. 그는 내면적으로 한 번도 자기 위에 있는 사람들을 인정한 적이 없었다. 궁정에도, 대학에도, 직업에도, 수도원에도, 시市에도 의무감을 느끼지 않았으며, 일생 동안 고요하면서도 완강한 고집으로 자기 정신의 자유를 지킨 것처럼 자기 도덕의 자유를 지켰다.

이러한 그의 성격의 본질에 두 번째 특징이 유기적으로 연결된다. 에라스무스는 실로 독립 신봉자이다. 그러나 그렇다고 해서 반란자나 혁명가는 결코 아니다. 오히려 그는 겉으로 드러나는 모든 갈등을 혐오하며, 영리한 전략가로 이 세상의 권력과 권력자에 대한 모든 불필요한 저항을 기피한다. 권력자들과 대립하기보다는 차라리 타협하고, 싸워 이겨 그들을 자기 손에 넣기보다는 그저 자신의 독립을 손에 넣기를 원한다. 영혼을 갑갑하게 죄는 수도복을 벗을 때에도 그의 성향이 잘 드러난다. 용감하고 극적인 몸짓으로 아우구스티누스회 수도복을 벗어 던진 루터와는 달리 에라스무스는 고요 속에서 은밀하게 얻어 낸 허락에 따라 조용히 벗는다. 그는 동향인 여우 라이네케Reineke Fuchs•의 훌륭한 학생으로서 자신의 자유를 가로막는 모든 일에서 유연하고 능란하게 빠져나온다. 언젠가 영웅이 되기 위해, 아주 조심스럽게, 인류의 약점을 탁월하게 계산하는 자신의 명확한 정신을 통해 자기의 인격 계발에 필요한 모든 것을 얻어 낸다. 그는 삶의 독립성을 얻기 위한 영원한 싸움에서 승리한다. 그러나 그것은 용기가 아니라 심리의 통찰력을 통해서다.

삶을 자유롭고 독립적으로 형성할 수 있는 이 대단한 기술(모든 예술가에겐 가장 어려운 기술이다)은 연습이 필요하다. 에라스무스가 다니던 학교는 가혹하고 힘든 곳이었다. 그는 스물여섯이 되어서야 수도원을 빠져나왔다. 수도원의 고루함과 편협성은 그에겐 참을 수 없는 것이었다. 그는 ─그의 외교적 수완을 엿볼 수 있는 첫 번째 시험이다─자기 상관에게서 도망친다. 그러나 서약을 파기한 것은 아니다. 에라스무스는 캉브레의 주교가 이탈리아 여행에 나설 때 그를 수행하는 라틴어 비서로 자

• 중세 유럽에 전해진 이야기에 등장하는 여우. 적에 맞서 기발한 거짓말과 간계로 위기에서 빠져나온다.

신을 데려가도록 은밀히 획책한다. 콜럼버스가 아메리카를 발견하던 해에 이 수도원 수감자는 자기 미래의 세계, 유럽에 모습을 드러낸다. 운이 따르는 듯 주교가 여행을 연기한다. 에라스무스는 유유히 삶을 즐기는 시간을 갖는다. 그는 미사를 올리는 대신 잘 차려진 대규모 연회장에 앉아 현명한 사람들을 사귀고, 라틴어 고전과 교회의 고전 연구에 정열을 쏟는다. 그리고 대화집 『야만에 대항함Antibarbari』을 쓴다. 이 첫 번째 작품은 그의 모든 저서에 소개된다. 그는 자신의 도덕을 정련하고 지식을 확장하는 가운데, 자기도 모르게 교양 없음과 어리석음, 그리고 전통의 거만함에 저항하는 삶의 대진군을 시작했다. 그런데 유감스럽게도 캉브레의 주교가 로마 여행을 포기한다. 호시절은 이렇게 갑자기 끝나고 만다. 라틴어 비서는 이제 필요 없다. 임대되었던 수도사 에라스무스는 순순히 자신의 수도원으로 돌아가야 했다.

그러나 자유라는 달콤한 독을 맛본 그는 이제 그것을 끊으려 하지 않는다. 그래서 그는 종교적 학문의 지고한 은총을 향한 억제할 수 없는 요구를 가장하여 자신을 파리로 보내 달라고 주교를 괴롭힌다. 수도원 생활이 주는 괴로움에서 벗어나려는 온 힘과 정열, 그리고 고도의 심리 기법이 동원된다. 장학금을 주면 파리에서 신학 박사 학위를 취득하겠다는 것이다. 결국 주교는 그에게 축복을 내리고, 어쩌면 에라스무스에게 더 중요한 것이었을 약간의 돈을 장학금으로 내놓는다. 그리고 수도원 장은 이 불충실한 자가 돌아올 것을 헛되이 기다린다. 그러나 수도원장은 수년, 아니 수십 년 동안 그를 기다리는 데 익숙해 질 수밖에 없을 것이다. 왜냐하면 에라스무스는 이미 오래전에 수도사 생활과 다른 모든 억압에 대한 평생의 휴가를 자기에게 부여했기 때문이다.

캉브레의 주교는 관례대로 이 젊은 신학도에게 돈을 계속 대주 었다. 그러나 서른 살의 남자를 위한 장학금이라기엔 믿기 어려 울 정도로 적은 돈이었다. 그래서 에라스무스는 이 인색한 후원 자를 '안티마이케나스*Antimaecenas*'라고 부르며 신랄하게 조소했 다.* 자유에 빠르게 익숙해진, 주교의 책상 옆에서 버릇없이 자란 이 사람은 어렵게 자존심을 꺾고 '빈민 구호소*domus pauperum*'라 불리는 악명 높은 몽테귀 대학에 거처를 마련한다. 그러나 이곳 은 금욕적 규율과 너무도 엄격한 종교적 지도 때문에 그의 마음 에 들지 않았다. 생미셸산(지금의 판테온 사원 부근) 위 라탱지구에 위치한 이 정신의 감옥은 삶에 호기심 많은 이 젊은 학생을 시기

---

* 마이케나스*Maecenas*는 고대 로마 제국의 정치가이자 외교관으로 베르길리우스 와 호라티우스를 후원한 사람으로도 유명하다. 문화, 예술 등을 지원하는 활동 을 뜻하기도 한다. 여기에 '반대의'라는 의미의 'anti-'를 덧붙여 조롱한 것이다.

라도 하는 듯 세상 동료들의 쾌활한 활동으로부터 완전히 격리시킨다. 에라스무스는 가장 아름다운 청년기를 보낸 그곳을 마치 감옥처럼, 자신을 수감된 죄수처럼 이야기한다. 위생에 관해서 놀라울 정도로 현대적인 생각을 갖고 있는 그는 편지에 이런저런 푸념을 늘어놓는다. 침실은 건강에 해롭고, 삭막하게 회칠된 벽은 얼음처럼 차다. 거의 변소처럼 느껴질 정도다. 이 '식초 같은 신학교'에서는 죽을병에 걸리든지 죽어 버리든지, 그렇지 않고는 아무도 살 수 없을 것이다. 식사도 마음에 들지 않는다. 달걀이나 고기에선 썩은 냄새가 나고 포도주는 시어 빠졌다. 밤은 해충과 벌이는 수치스러운 싸움으로 가득 찬다. 훗날 그는 여러 학술 토론회에서 사람을 만나면 조롱 섞인 농담을 던지곤 했다.

"당신 몽테귀 출신이죠?"

그리고 "당신은 머리에 월계관을 썼겠죠?"라는 질문을 받을 때면 이렇게 대답한다.

"아뇨, 벼룩을요."

게다가 당시의 수도원에서는 육체적인 체벌도 서슴없이 행해졌다. 마치 로욜라Ignatius de Loyola˙ 같은 광신적 금욕 생활이 의도한 '의지 교육'이라는 명분 아래 20년 동안 같은 집에서 지내며 채찍과 회초리까지 의연하게 참아 내야 했는데, 이는 에라스무

˙ 스페인의 성직자. 예수회를 창시했으며 금욕으로 유명하다.

스처럼 예민하고 독립적인 본성을 가진 사람에겐 견디기 힘든 것이었다. 수업 또한 그에겐 구역질 나는 것이었다. 그는 생명력을 잃은 형식주의와 스콜라 철학과 김빠진 탈무드 교리를, 그리고 궤변을 혐오하는 걸 빠르게 배운다. 이 프로크루스테스의 침대*에서 이루어지는 정신 능욕 행위에 맞서 그의 내면의―라블레처럼 그렇게 쾌활하고 즐겁게는 아니지만 그 정도의 경멸감을 가지고―예술가가 저항한다.

"무사Mousa 또는 그라티아이Gratiae와의 교제에 언젠가 한 번이라도 몰두했던 사람은 어느 누구도 이 학문의 신비를 파악하지 못한다. 네가 아름다운 문학bonae litterae에서 습득한 모든 것을 너는 여기에서 다시 잃어버려야 한다. 헬리콘**의 샘물에서 마셨던 것을 도로 내놓아야 한다. 나는 라틴어로 된 것, 우아한 것, 또는 재기발랄한 것은 아무것도 말하지 않으려고 최선을 다한다. 그리고 나는 이미 그들이 나를 언젠가는 한 번쯤 자기네 것으로 인정하리라는 희망 속에서 그와 같은 발전을 하고 있다."

결국 그에게 찾아온 병이 그토록 오래 열망하던 구실, 즉 신

• 프로크루스테스는 그리스 전설 속 인물로 여행객을 잡아 쇠로 된 침대에 눕혀 키가 침대보다 크면 사지를 자르고, 작으면 다리를 잡아 늘려 죽인 강도이다. 따라서 프로크루스테스의 침대는 융통성이 없는 규칙이나 형식, 체제, 억지로 정해진 틀을 의미한다.

•• 아폴론과 무사가 살았다고 전해지는 그리스 남부의 산. 시상詩想의 원천.

학 박사학위를 포기하고 육체와 정신을 속박하는 그 증오스러운 노예선에서 빠져나갈 구실을 그에게 만들어 준다. 에라스무스는 잠시 요양한 후 다시 파리로 돌아온다. 그러나 그는 그 '식초 같은 신학교'로 다시 들어가지 않고 부유한 젊은 독일인과 영국인을 가르치는 가정교사와 보습 선생으로 살아간다. 이 신부 내면에 있는 예술가가 자립하기 시작한 것이다.

그러나 아직 반쯤은 중세 같은 세상에서 이 정신의 인간의 자립은 요원하기만 하다. 모든 신분은 분명한 서열의 계급으로 분리되어 있다. 세속 군주와 종교적 군주, 가톨릭 성직자, 길드 조합원, 군인, 공무원, 수공업자, 농부 등 각각의 신분은 하나의 고정 집단으로 다른 모든 침입자를 철저하게 차단한다. 이러한 세계 질서 속에 정신의 인간, 창조하는 인간, 학자, 자유 예술가, 음악가를 위한 공간은 존재하지 않는다. 독립을 보장하는 금전적 보수는 아직 생각지도 못하는 것이기 때문이다. 그러므로 정신적인 사람에겐 지배 신분에 있는 사람에게 봉사하는 것 말고는 다른 선택의 여지가 없다. 이제 그는 영주의 심복이 되든지 아니면 성직자가 되어야 한다. 예술은 독자적인 힘으로 인정되지 않으므로 권력자에게서 은혜를 구하거나 자비로운 주님의 총아가 되어 여기에서 녹을 받는 성직 자리를 얻고 저기에서 숙식비를 구걸해야 한다. 또한 그는—모차르트와

하이든 때까지도 그랬다―하인들의 공동체 안에서 머리를 조아리고 있어야 한다. 굶어 죽고 싶지 않다면 헌사를 써서 허영에 찬 사람들에게 아첨해야 한다. 뭔가 찔리는 데가 있는 사람에게 논박문을 써 위협하거나 구걸 편지를 들고 돈 많은 사람을 쫓아다녀야 한다. 그는 별다른 확신도 없이 후원자를 찾거나 이사람 저 사람 찾아다니며 일용의 양식을 얻기 위한 창피한 싸움을 되풀이해야 한다. 포겔바이데Walther von der Vogelweide●부터 베토벤에 이르기까지, 수많은 예술가들이 그렇게 살았다.(베토벤은 예술가의 권리를 당당히 요구해 얻은 최초의 인물이다.)

다행히 자기 자신을 작은 존재로 낮추는 일이나 누구에게 아첨하는 것, 그리고 스스로 굴종하는 것은 에라스무스와 같은 우월하고 아이러니한 정신에겐 커다란 희생을 의미하지 않았다. 그는 이미 사회의 속임수를 꿰뚫어 보고 있다. 폭도 같은 성향을 갖지 않은 그는 사회에 통용되는 법칙을 아무 불평 없이 견뎌 내고 그 법칙을 능란히 극복하여 자기 마음대로 다루고자 노력할 뿐이다. 그럼에도 불구하고 성공에 이르기까지 그가 걸은 길은 무척 험난하여 부러워할 것이 못 된다. 군주들이 그를 청해 모시고 교황과 종교개혁자들이 간청하며 그에게 몸을 돌리고 인쇄업자들이 그에게 몰려들며 부자들이 그의 집에 선물 보내

●　아름다운 연애 가요를 쓴 독일 중세 기사문학의 대표적 시인.

는 것을 명예로 여기게 되는, 그의 나이 오십이 되기 전까지 에라스무스는 선사된 빵, 말하자면 구걸해 얻은 빵으로 살아간다. 머리가 하얗게 세어 가는데도 그는 허리를 굽히고 머리를 숙여야 한다. 그가 쓴 비굴한 헌사와 아첨의 편지는 수없이 많다. 이러한 글이 그의 서신 대부분을 채우고 있으며, 모아 두면 청원에 필요한 서간집의 고전 역할을 할지도 모른다. 그렇게나 대단한 술수와 술책으로 구걸을 한다. 그러나 자주 동정받는 이 결핍된 자긍심 뒤에는 독립을 향한 단호하고 대단한 의지가 숨어 있다.

에라스무스는 작품에서 더욱 진실할 수 있기 위해 편지에서 아첨한다. 그는 자신을 끊임없이 선사하지만 어느 누구에게도 팔지 않는다. 자신을 묶어 놓을 만한 모든 것을 거부한다. 그는 수많은 대학이 자기네 강단에 매어 두고 싶어 하는 국제적으로 유명한 학자지만, 그 자신은 차라리 베네치아의 어느 인쇄소 교정원으로 지내거나 아니면 새파랗게 젊은 영국 귀족의 가정교사나 여행 동반인, 또는 알고 지내는 부잣집의 식객이 되고자 한다. 그러나 그 모든 것도 자기가 원하는 동안만큼이며 결코 어느 한 곳에 오랜 기간을 머무르지 않았다. 이렇게 고집스러울 정도로 단호한 자유를 향한 의지, 그 누구의 하인도 되지 않으려는 의지는 에라스무스를 평생 유목민처럼 살게 했다. 그는 끊임없이 여러 나라를 돌아다니다 네덜란드에 있다가 곧 영국에, 그러다간 곧 이탈리아에, 독일에, 스위스에 나타난다. 자기 시대의 학자들 가운데 여행을 가장 많이 하고, 가장 많은 여행에 끌려다닌 이 사람은 언제나 베토벤처럼 '허공에 살면서in der Luft lebend'* 아주 가난하지도 않고 그렇다고 아주 부유하지도 않게 지낸다. 그의 철학적 성향에는 방황과 방랑이 집과 고향보다 더 가치 있는 것이다. 그는 종신직인 주교가 되기보다는 차라리 일정 기간 주교의 말단 비서로 남고자 하며, 고위 성직자로서 통치자의 공문을 다루는 무한한 힘을 가진 영주의 궁내관이기보다 차라리 몇 푼의 돈을 받고 일해 주는 영주의 상담자로 남길 원한다. 이토록 깊은 본성을 가진 이 정신의 인간은 모든 외부의 힘과 출세를 기피한다. 권력의 그늘 아래에서도 모든 책임으로부터 멀리 떨어져 조용한 방에서 좋은 책을 읽는 것, 그리고 자기 자신의 글을 쓰는 것, 어느 누구의 지배자도 하인도 되지 않는 것, 이것이 에라스무스의 인생 목표였다. 정신의 자유를 위해서 그는 어둡고 굴곡진 수많은 길을 걷는다. 그러나 이 모든 길은 하나의 동일한 내면의 목표, 즉 자기 예술과 자기 인생의 정신적 독립을 향한다.

에라스무스는 서른 살에 비로소 자기 본래의 영역을 영국에서 발견한다. 지금까지 그는 편협하고 천박한 사람들 틈에 끼

---

* 베토벤이 프란츠 브룬스피크 백작에게 보낸 1814년 2월 14일자 편지에 다음과 같은 구절이 있다. "사랑하는 하느님, 제 왕국은 허공에 있습니다. 마치 바람처럼 수많은 음이 소용돌이 칩니다."

어 어두침침한 수도원 골방에서 살았다. 스파르타식 세미나 교육과 스콜라 철학의 쥐어짜는 듯한 정신적 압박은 섬세하고 감각적이며 호기심 강한 그의 신경엔 실제로 고문이었다. 멀리 앞서 있던 그의 정신은 이러한 제약 속에서 발전할 수 없다. 그러나 이러한 궁지와 괴로움은 그에게 세계지식과 자유를 향한 엄청난 갈증을 만들어 주기 위해 필수적이었는지도 모른다. 이러한 교육 방식에 오래도록 시험받은 그는 고루하고 편협한 모든 것, 독단적으로 한쪽으로만 강요하는 모든 것, 그리고 야만적이고 명령적인 모든 것을 비인간적인 것으로 간주하며 증오하는 걸 배웠기 때문이다. 그토록 철저하고 고통스럽게 중세를 체험했다는 사실은 그에게 새로운 시대의 전령이 될 수 있는 능력을 부여해 주었다.

몬죠이 경Lord Mountjoy이 그를 영국으로 초대했고, 그곳에서 에라스무스는 무한한 행복감에 젖어 정신문화의 상쾌한 공기를 처음으로 호흡한다. 한순간에 앵글로색슨의 세계로 들어온 것이다. 수십 년 동안 온 나라를 짓밟았던 흰 장미와 붉은 장미 간의 전쟁 이후 영국은 다시 평화의 축복을 향유하고 있었다. 전쟁과 정치가 밀려난 곳 어디에서나 예술과 학문이 자유의 나래를 펼친다. 이 보잘것없는 수도원 학생이자 가정교사는 정신과 지식이 유일하게 힘으로 인정되는 영역이 존재한다는 사실을 발

견한다. 여기에 그가 사생아로 태어난 이유를 묻는 사람은 아무
도 없다. 그는 순수하게 예술가로서, 지식인으로서, 우아한 라틴
어와 재미있는 웅변술로 최상류 사회에서 인정받으며 영국인들
의 환대와 편협하지 않은 고귀한 정신을 알게 된다. 롱사르Pierre
de Ronsard가 찬양했듯이,

세련되고 아름다우며, 친절하고 고상하며, 힘 있는
그 멋진 신사 숙녀들

을 알게 되는 것이다. 이 나라에서는 다른 사고방식이 분명
하게 보인다. 위클리프John Wycliffe˙는 오래전에 잊혔지만, 옥스
퍼드에는 더욱 자유롭고 대담한 신학 해석이 계속해 살아 있다.
여기에서 그는 새로운 고전의 길을 열어 주는 그리스어 선생을
만난다. 최고의 정신, 가장 위대한 인물들이 그의 후원자가 되
고 친구가 된다. 당시엔 아직 왕자였던 헨리 8세도 그의 후원자
가 된다. 그 세대의 가장 고귀한 인물 토마스 모어와 존 피셔가
자기의 가장 친밀한 친구가 되었다는 것, 존 콜렛John Colet과 대
주교인 워햄William Warham과 크랜머Thomas Cranmer가 자신의 후

˙ 14세기에 활동한 옥스퍼드 대학의 신학 교수로 교황의 정치적 요구와 가톨릭
  수도자들의 타락을 날카롭게 공격했다.

원자가 되었다는 사실을 에라스무스는 언제나 명예롭게 여긴다. 그리고 이러한 사실은 그가 왜 인상적인 태도를 보였는지를 잘 말해 준다.

이 젊은 인문주의자는 타오르는 갈증을 느끼며 정신의 불꽃이 가득한 공기를 들이켠다. 그는 자신의 지식을 모든 면으로 확장하기 위해 이 환대의 시간을 이용한다. 그는 귀족들과 그들의 친구, 부인 들과 대화하며 고상한 교제 방식을 익힌다. 자신의 위치에 대한 자의식은 그의 재빠른 변신에 일조한다. 서툴고 비사교적인 작은 신부가 수단을 사교복처럼 입는 프랑스 사제로 변신하는 것이다. 에라스무스는 조심스럽게 자신을 치장하기 시작한다. 승마를 배우고 사냥을 배운다. 그는 거칠고 서투른 독일의 지방 인문주의자들의 모습과는 뚜렷이 다른, 그에게 상당한 문화적 품위를 가져다준 귀족적 삶의 태도를 자신을 환대한 영국 귀족의 집에서 익힌 것이다. 정치 세계의 중심에 들어서고 교회와 궁정의 최고 정신들과 친분을 맺으면서 그의 날카로운 시각은 후일 세계가 경탄한 그 폭과 보편성을 얻는다. 그의 심성 또한 밝아진다. 그는 즐겁게 친구에게 편지를 쓴다.

"자네는 내가 영국을 사랑하는지 묻는 건가? 언제나 나를 믿어 주었듯 이것도 믿어 주길 부탁하네. 이곳은 정말 편안하고 건전한 환경이라는 걸 말일세. 문화와 지식이 넘쳐 나네. 까다롭고 무의미한 형식이 아니라 깊고 정확하고 고전적인 교육에서 나오는 문화와 지식일세. 라틴어 교육에서도 그렇고 그리스어 교육에서도 그렇지. 이탈리아에 대한 동경을 거의 갖지 않아도 될 정도일세. 그곳에서 봐야 할 몇 가지 것들은 빼고라도 말일세. 내 친구 콜렛의 이야기를 듣고 있노라면 나는 마치 플라톤의 말에 귀를 기울이고 있는 것 같은 기분이 드네. 그러니 이들이 가지고 있는 이 본성이 토마스 모어의 그것보다 더 온화하고, 더 부드럽고, 더 행복한 본질의 특성을 가져다준 것이겠지?"

에라스무스는 영국에서 중세의 병을 치료한 것이다.

그러나 영국에 대한 이 모든 사랑도 에라스무스를 영국인으로 만들지는 못한다. 이 해방되었던 자는 세계시민이 되어, 세계인이 되어, 그리고 자유롭고 보편적인 자연 자체가 되어 돌아온다. 이제 그의 사랑은 지식과 문화, 교육과 책이 지배하고 있는 곳이면 어디에나 존재한다. 나라와 강, 바다도, 지위와 인종, 그리고 계급도 그의 우주를 분할하지 못한다. 그는 단지 교육과 정신의 귀족층이라는 상위 세계와 미개와 야만이라는 하위 세계 두 개의 층만을 알고 있을 뿐이다. 책과 말, '웅변과 교육 *eloquentia und eruditio*'이 지배하는 곳, 그곳이 이제 그의 고향이다.

당시에는 극도로 얇았던 문화층인 정신의 귀족층으로 자신을 고집스럽게 제한하는 태도는 그의 작업에 무엇인가 뿌리가 없는 것 같은 인상을 준다. 그는 진정한 세계시민으로서 이곳저곳에 단지 방문자로만, 단지 손님으로만 남는다. 그는 어디에서든 어느 한 민족만의 도덕과 본질을 수용하지 않는다. 살아 있는 유일한 하나의 언어란 어디에도 없다. 그는 셀 수 없이 많은 여행을 하면서도 모든 나라의 가장 실체적인 것들을 스쳐 보냈다. 그에게 이탈리아, 프랑스, 독일, 영국은 세련된 대화를 나누었던 수십 명의 사람들로만 이루어져 있었고, 그에게 도시는 그 도시에 있는 도서관으로만 기억되었다. 그가 기억한 것은 기껏해야 어디 음식점이 제일 깨끗했고 어디 사람들이 제일 친절했으며 어디 포도주가 제일 맛있었다는 것 정도였다.

서적 제작술 이외의 다른 모든 예술 또한 그에게 닫혀 있었다. 그에겐 그림을 위한 눈이 없었고, 음악을 위한 귀가 없었다. 그는 로마에서 레오나르도 다빈치, 라파엘로, 미켈란젤로와 같은 화가가 작업하고 있다는 사실을 인식하지 못했고, 교황들이 예술에 열광하는 것을 쓸데없는 낭비이자 복음에 반하는 사치 애호라 비난한다. 그는 아리오스토Ludovico Ariosto의 시를 한 번도 읽어 보지 않았으며, 초서Geoffrey Chaucer는 영국에, 프랑스 문학은 프랑스에 낯설게 남아 있을 뿐이다.

실로 그의 귀는 라틴어에만 열려 있다. 오직 활자를 통해서만 세상의 내용을 파악하는 섬세한 문필가의 전형인 그에겐 구텐베르크의 인쇄술만이 진실로 친교를 맺었던 유일한 뮤즈였다. 그는 책이라는 매체를 통하지 않고는 현실과 관련을 맺을 수 없었다. 그래서 그는 여자보다는 책과 더 많은 교류를 했다. 조용하고 폭력성이 없으며, 아둔한 대중은 이해할 수 없는 것이기 때문에 책을 사랑했다. 이는 법의 보호를 받지 못하는 시대에 교육받은 자에게 허락된 유일한 특권이었다. 평상시에는 매우 검소했으나 이 부분에서만큼은 낭비자가 될 수 있었다. 헌사를 써서 돈을 벌고자 했던 것은 오로지 책을 사기 위해서였다. 그는 계속해서 더 많은 그리스 고전과 라틴어 고전을 사들였다. 그리고 그가 단지 책 속에 담긴 내용 때문에 책을 사랑했던 건 아니었다. 에라스무스는 최초의 애서가 중 한 사람으로 책의 존재를, 책이 만들어지는 과정을, 그리고 멋지고 편리하면서도 동시에 미학적인 형태를 갖춘 물건으로서 책을 사랑했다. 베니스의 알두스 인쇄소나 바젤의 허름한 프로벤 인쇄소에서 직공들 사이에 서서 축축한 인쇄 전지를 인쇄기에서 받아 내고, 인쇄 장인匠人들과 함께 멋진 장식용 활자를 끼워 넣고, 뾰족한 펜을 들고 날카로운 눈을 가진 사냥꾼처럼 재빠르게 오자를 찾아내거나 아직 마르지 않은 종이 위의 라틴어 문구를 더욱 세련되고 고전적인 문장으로 다듬는 순간이 그에겐 가장 행복한 순간이었고, 책에 관한, 책을 위한 작업을 하는 것이 그에겐 가장 자연스러운 존재 형식이었다.

이렇게 에라스무스는 여러 민족과 국가에 속하지 않고 그들의 위, 보다 더 멀리 내다볼 수 있는 얇은 대기층에, 예술가와 학자의 상아탑에 살았다. 그는 책과 일로만 이루어진 이 탑에서 린케우스Lynceus●로서, 살아 있는 삶을 자유롭고 분명하게 그리고 공평하게 살피고 이해하기 위해 호기심에 가득 차 아래를 내려다보고 있었다.

이해하기, 더 잘 이해하기는 이 유별난 창조적 인간이 생래적으로 지닌 즐거움이었다. 어쩌면 엄격한 의미에서 에라스무스는 심오한 정신이라 할 수는 없을지도 모른다. 그는 최후의 사상가에 속하지도 않으며, 세계에 새로운 정신의 행성계를 선물하는 위대한 전환자에 속하지도 않는다. 에라스무스의 진정한 실체는 분별력이다. 에라스무스는 깊은 사상가, 심오한 사상가는 아닐지라도 비범하게 넓은 정신의 소유자였으며, 볼테르와 레싱이 말하는 올바른 사상가, 총명한 사상가, 자유사상가였고, 고귀한 의미의 단어로 말하자면 모범적인 이해자, 이해하도록 만들어 주는 자, 계몽자였다. 밝음과 진실을 보급하는 것은 그에게 자연한 일이었다. 그에게 혼란스러운 모든 것은 구역질 나는 것이었고, 불명료한 모든 것과 지나치게 형이상학적인 모든 것에 그는 본성적으로 반발했다. 훗날 괴테가 그러했듯 '애매한 것'만큼 그가 증오한 것은 없었다. 폭은 그를 유혹해 끌어냈지만, 깊이는 그를

●　　그리스 신화의 인물. 천리안을 가진 영웅으로 묘사된다.

끌어당기지 못했다. 그는 파스칼의 '심연' 위로 한 번도 허리를 굽히지 않았으며 루터, 로욜라, 도스토옙스키와 같은 사람들의 감정적 격변, 죽음과 은밀히 연결된 광기와 같은 그 무서운 위기의 양식을 알지 못했다. 과도한 모든 것은 그의 이성에 낯선 것으로 남아 있어야 했다.

또한 에라스무스는 중세의 다른 어떤 사람보다도 미신을 믿지 않았다. 그는 동시대인들의 동요와 위기, 사보나롤라의 지옥에 대한 환상, 루터의 악마에 대한 경악스러운 불안, 파라켈수스Philippus Aureolus Paracelsus•의 별에 대한 공상에 아마도 조용히 미소 지었을 것이다. 그는 단지 누구나 알 수 있는 것만을 이해할 수 있었고 또 이해시킬 수 있었다. 그의 시선에는 이미 투명함이 자리하고 있었고 그가 청렴한 두 눈으로 조명하는 것은 즉시 환해지고 질서를 갖추었다. 그의 사고가 갖는 물처럼 맑은 투명성, 그리고 그의 감성이 갖는 통찰력 덕분에 에라스무스는 자기 시대의 위대한 시대 비평가, 교육자, 선생, 이해시키는 자가 되었다. 또한 그는 자기 시대 사람들을 위한 선생일 뿐만 아니라 후세 사람들의 선생이기도 하다. 18세기의 모든 계몽주의

• 바젤과 잘츠부르크를 중심으로 활동한 의사이자 자연과학자, 인문주의자. 신학과 자연과학을 밀접하게 연관시켜 영혼과 육체 사이의 관계를 관찰함. 바젤에서는 에라스무스와 친교를 맺었고, 자연철학에 바탕을 둔 현대의학의 기초를 닦아 '의학계의 루터'로 불리기도 한다

자, 자유사상가, 백과사전파의 사람들, 그리고 19세기의 수많은 교육자가 그의 정신을 이어받았기 때문이다.

냉정하고 교훈적인 모든 것에는 편협함으로 천박해질 위험이 숨어 있다. 17, 18세기 천박한 계몽주의자들이 교만한 사이비 이성으로 우리를 불쾌하게 한다 해도 그것은 에라스무스의 책임이 아니다. 왜냐하면 그들은 그저 에라스무스의 방법만을 흉내 냈을 뿐, 그의 정신은 포기했기 때문이다. 그 사소한 인물들에겐 조미료와 같은 세련된 재치가 없었고, 자기 선생처럼 편지와 대화를 재미있게 그리고 문학적으로 구미가 당기도록 만들 독자적인 탁월성도 없었다. 에라스무스에겐 쾌활한 조소의 기분과 학자의 엄숙한 기운이 항상 균형을 이루고 있었다. 그는 자신의 정신적 힘으로 장난을 할 수 있을 만큼 충분히 강한 능력을 지니고 있었다. 특히 불꽃처럼 타오르면서도 악하지 않은 위트, 신랄하면서도 악의 없는 위트가 그의 특성이었다. 스위프트Jonathan Swift가 그의 후계자가 되었으며 레싱, 볼테르, 쇼George Bernard Shaw가 그 뒤를 이었다.

에라스무스는 새로운 시대의 첫 번째 위대한 문장가로서 한쪽 눈썹을 움찔움찔하고 눈을 깜박여 신호하면서 이단의 실체를 속삭여 주는 방법을 알고 있었다. 그는 천재적인 대담성과 모방할 수 없는 능란함으로 검열관의 눈을 피해 갖가지 미묘한 문제를 다룰 수 있었다. 그는 학자 가운으로 자기를 방어하고,

때로는 약삭빠른 장난꾼으로 변신하여 자기를 보호하면서 한 번도 위험에 빠지지 않은 위험한 반란자였다. 다른 사람들은 에라스무스가 시대에 대해 대담하게 말한 것의 십 분의 일만 말해도 화형장에 끌려갔다. 그들은 너무 거칠고 시끄럽게 떠들어 댔기 때문이다. 그러나 교황들이나 고위 성직자, 왕, 대공 들은 에라스무스의 책을 매우 존경하는 마음으로 받아보고, 그에게 작위를 주거나 선물을 보내며 보답했다. 에라스무스는 자신의 문학적, 인문주의적 포장술을 빌려 종교개혁의 폭발물을 수도원과 영주의 궁정에 밀반입했다. 에라스무스를 따라서—그는 어디에서나 선구자였다—문학적인 것에서부터 거리낌 없는 비방에까지 이르는 모든 등급의 정치적 글들이 경쟁을 시작한다. 이에 자극받은 볼테르, 하이네, 니체가 멋지고 완벽하게 세속의 권력과 종교의 권력을 조소했고, 현존하는 권력에 우울한 자들의 거친 공개 공격보다 더 위험한, 불타오르는 말의 예술이 시작된다. 에라스무스로 인해 저술가는 처음으로 다른 힘들과 어깨를 견주는 유럽의 힘이 된다. 그리고 그가 파괴와 선동을 위해서가 아니라 결속과 단결을 위해 그 힘을 사용했다는 점이 그에게 끊임없는 명성을 안겨 준다.

에라스무스가 처음부터 위대한 저술가는 아니었다. 에라스무스 같은 부류의 사람이 세상에 영향을 끼치기 위해서는 나이가 들어야 한다. 파스칼이나 스피노자, 니체와 같은 사람들은 그들의 통합된 정신이 폐쇄된 형식에서 완성을 이루기 때문에 일찍 죽을 수 있다. 그러나 이와 반대로 자신의 주체를 세상에서 얻어 오는, 자신의 주체를 자기 내면에 지니고 있지 않은 인물, 늘 무엇인가를 수집하고 구하고 주석을 달고 요약하는 에라스무스와 같은 인물은 집약이 아니라 확장을 통해 영향을 준다. 에라스무스는 예술가라기보다는 수완가였다. 항상 준비된 그의 지적 능력에 글쓰기는 단지 대화의 또 다른 형식일 뿐이다. 이 형식은 그의 정신 활동에 어떤 특별한 노력을 요구하지 않는다. 그는 옛날 책을 교정하는 것보다 새 책을 쓰는 일이 훨씬 수월하다고 설명한다. 그는 흥분하고 감정을 고조시킬 필요가 없다. 어차피 그의 오성悟性은 말이 따라올 수 없을 만큼 앞서 나가 있기 때문이다. 츠빙글리는 이렇게 쓰고 있다.

"당신의 글을 읽을 때면 마치 당신의 이야기를 직접 듣고 있는 기분입니다. 그리고 당신의 작지만 기품이 있는 외형이 정말 호감이 가는 모습으로 변해 가는 것을 보는 듯합니다."

그가 쉽게 쓰면 쓸수록 더욱 설득력이 있었고, 그가 더욱더 많은 작업을 하면 할수록 더욱더 효력을 나타냈다.

에라스무스에게 명성을 가져다준 첫 번째 저술의 행운은 어떤 우연 덕분이거나 아니면 그 시대 분위기를 자기도 모르게 인식한 덕분일지도 모른다. 젊은 에라스무스는 학생들을 가르칠

목적으로 라틴어 인용문을 모아 정리해 놓았고, 좋은 기회를 잡아 그것을 파리에서 '격언집Adagia'이라는 제목으로 인쇄했다. 이로써 그는 자신도 모르게 그 시대의 속물근성에 부합하게 된다. 마침 라틴어는 그 당시에 대유행이었고, 문학계에서 어느 정도 지위에 오른 모든 사람은—이러한 오용은 우리 시대에 이르기까지 이어지고 있다—편지나 논문, 연설문에 라틴어 인용문을 끼워 넣는 것을 무슨 '교양 있는 사람'의 의무나 되는 것처럼 여기고 있었기 때문이다. 에라스무스의 능숙한 선별 작업은 속물 인문주의자들이 스스로 고전을 읽어야 할 노력을 면하게 해 주었다. 이제 편지를 쓸 때 무겁고 큰 책을 오랫동안 뒤적일 필요 없이 『격언집』에서 멋진 미사여구를 재빨리 낚아 내면 되는 것이다. 속물들이란 모든 시대에 무수히 존재했기 때문에 이 책은 빠르게 출세 가도를 달린다. 각 판은 먼저 나온 판보다 거의 두 배 가까운 인용문을 수록했고, 여러 나라에서 수십 쇄가 찍힌다. 그리고 버려진 아이, 귀족 사생아의 이름, 에라스무스는 갑자기 전 유럽에 이름을 날린다.

한 저술가에게 있어서 일회적인 성공은 아무것도 보여 주지 못한다. 그러나 성공이 되풀이되고 다른 지역에서도 반복되고 그렇게 소질이 드러나면, 예술가의 특별한 천성이 입증된다. 이 힘은 억지로 증대되는 것도 아니고, 배워 익힐 수 있는 기술도 아니다. 에라스무스는 의식적으로 어떤 성공에 목표를 둔 적이 결코 없으나, 정말 놀랍게도 성공은 항상 그의 것이 된다. 그가 자신이 맡은 학생들이 라틴어를 더 쉽게 습득할 수 있도록 몇 가지 대화를 써넣으면 그것은 3대에 걸쳐 읽히는 독본 『대화집Colloquia』이 된다. 또 그가 농담조의 풍자를 써내면 모든 권위에 대항하는 혁명을 불러일으키는 책 『우신 예찬』이 된다. 그가 그리스어 성경을 라틴어로 새롭게 번역하고 주석을 달아 놓으면 거기에서 새로운 신학이 시작되고, 자기 남편의 종교에 대한 무관심에 가슴 아파하는 어느 경건한 여인을 위해 며칠 안 걸려 위안의 책을 쓰면 그것은 복음주의 신앙을 위한 교리 문답서가 된다.

그는 어떤 목표를 정하지 않고도 항상 성공한다. 자유롭고 얽매이지 않은 정신이 관계하는 것은 진부한 생각에 사로잡혀 있는 세계엔 새로운 것이 된다. 독립적으로 사고하는 사람은 동시에 모든 사람을 위해 가장 유익하고 최상인 사고를 하기 때문이다.

초상

에라스무스는 시대의 빛이었고 다른 사람들은 시대의 힘이었다. 그는 길을 밝혀 주었고 다른 사람들은 그 길을 걸어갈 줄 알았다. 그런 가운데 그 자신은 항상 빛의 근원처럼 그림자 속에 머물러 있었다.

†

"에라스무스의 얼굴은 내가 알고 있는 가장 설득력 있고, 가장 단호한 얼굴 중 하나다."

인상학 지식에 있어서 누구도 부정 못할 라바터Johann K. Lavater의 말이다. 그 시대의 위대한 화가들도 에라스무스의 얼굴을 새로운 인간 유형을 대변하는 '단호한' 얼굴로 생각했다. 모든 초상화가 중 가장 정확한 화가, 한스 홀바인은 이 위대한 세계의 스승Praeceptor mundi을 여러 연령에 걸쳐 여섯 번 그렸고, 알브레히트 뒤러Albrecht Dürer는 두 번, 캥탱 마시Quentin Matsys 는 한 번을 그렸다. 다른 어느 독일인도 이만큼 영예로운 초상 연구의 대상이 될 기회를 갖지 못한다. 세계의 빛lumen mundi 에 라스무스를 그린다는 것은 각각의 예술로 분리된 장인 길드를 하나의 유일한 인문주의 교육 조합으로 통합한 이 세계적인 인물이 공식적으로 받는 경의의 표시였다. 화가들은 초상화로 자신들의 후원자이자 예술적, 도덕적으로 새로운 존재를 형성한 이 위대한 개척자를 찬미했다.

그들은 정신적 힘의 상징으로 그를 화판에 표현했다. 투사가 투구와 칼로, 귀족이 가문의 문장紋章과 격언으로, 주교가 반지와 예복으로 표현되듯, 모든 그림에 에라스무스는 새로 발견된 무기를 지닌 사령관, '책을 가진 사람'으로 나타난다. 에라스무스를 그린 이들은 예외 없이 한 무리의 군대에 둘러싸인 듯 책에 둘러싸여 글을 쓰거나 작업을 하는 모습을 담았다. 뒤러의 그림 속 에라스무스는 왼손에는 잉크통을, 오른손에는 펜을 들고 있으며 그의 옆에는 편지들이 놓여 있고 앞에는 대형 서적이 쌓여 있다. 홀바인은 '헤라클레스의 업적들'이라는 제목의 책 위에 손을 얹어 몸을 지탱하는 에라스무스를 그렸으며―그가 이룬 업적의 위대함을 기리기 위한 재치 있는 존경의 표현이다―또 다른 그림에서는 옛 로마의 신 테르미누스Terminus*의 머리 위에 손을 얹고 '개념'을 형성하고 만들어 내는 그를 주의 깊게 관찰해 담아냈다. 라바터는 에라스무스의 몸이 그의 지적 태도가 갖는 '세밀함과 신중함, 현명한 소심성'을 잘 드러내고 있다고 이야기했다. 사색가의 모습, 무엇인가를 찾는 모습, 무엇인가를 시

---

* 경계를 다스리는 신. 고대 로마인들은 테르미누스가 국가의 영토, 개인의 토지를 보호해 준다고 믿었다. 테르미누스란 이름은 '경계를 정하다, 끝내다'라는 의미의 라틴어 테르미노termino에서 유래한 것이다.

분 앞의 에라스무스Erasmus von Rotterdam im Gehäuse,
한스 홀바인 작

도하는 모습은 추상적인 그 얼굴에 비교할 수 없는, 그리고 잊을 수 없는 광채를 부여하고 있다.

내면으로부터 두 눈에 모여드는 힘을 보지 못하고 단지 그 자체로, 그저 육체적으로, 단순히 겉모습만 관찰한다면 에라스무스의 용모는 결코 멋있다고 할 수 없다. 자연은 정신적으로 풍요로운 이 인물을 용모까지 화려하게 만들 생각이 없었다. 단지 약간의 삶의 충만함과 생명력만을 그에게 허락했다. 자연은 그에게 단단하고 건강한, 저항력 있는 육체 대신 갸름한 얼굴과 아주 작은 몸집을 준 것이다. 자연은 그의 핏줄에 묽고 창백한 활기 없는 피를 넣었으며, 그의 감성적인 신경 위로는 세월이 지남에 따라 부스러지기 쉬운 잿빛 양피지처럼 주름지고 갈라지는 병약하고 창백한 피부를 씌워 주었다. 그의 신체 어디에서나 생명력의 부족함이 느껴진다. 너무도 가늘고 색소가 모자란 건조한 금발은 핏줄이 퍼렇게 드러난 관자놀이 위에 늘어져 있으며, 핏기 없는 양손은 마치 순백의 눈처럼 투명하다. 코는 새의 머리를 닮은 두상에서 깃촉처럼 뾰족하고 날카롭게 솟아 있다. 가냘프고 음감 없는 목소리를 담고 있는 꽉 다문 입술은 불가사의할 정도로 너무도 얇고, 두 눈은 그 광채에도 불구하고 너무도 작아 거의 숨겨져 있는 것 같다.

강렬한 색채는 어디에도 없다. 이 엄격한 노동의 얼굴, 금욕자의 모습은 이렇게 그려져 있다. 말을 타고, 수영과 펜싱을 하고, 여자들과 농담하거나 장난을 치며, 날씨에 따라 큰 소리로 떠들고 웃는 이 학자의 젊은 모습을 상상하기란 어려운 일이다. 가냘프고, 약간은 오래 저장한 식료품같이 메마른 이 수도사의 얼굴에서 무의식적으로 떠오르는 건 닫힌 창문, 난로의 열기, 책에 쌓인 먼지, 꼬박 새운 여러 날의 밤, 그리고 쉬지 않고 일한 나날들이다. 이 차가운 얼굴에서는 온기도, 힘의 흐름도 나타나지 않는다. 실제로 에라스무스는 항상 추위에 떨고 있다. 방에만 처박혀 있는 이 조그만 체구의 수도사는 넓은 소매에 모피로 테두리를 단 두꺼운 옷으로 항상 몸을 감싸고 있으며, 이미 차가워진 머리에는 고통스러운 외풍을 막기 위해 언제나 벨벳 모자를 쓰고 있다. 그의 몸을 살펴보아도 힘이라고는 찾아볼 수 없다. 이것이 실생활 속에 살지 않고 단지 관자놀이 안쪽, 둥근 머리뼈 안쪽 생각 속에 살고 있는 한 인간의 얼굴이다. 에라스무스는 현실에 저항하지 않고 단지 뇌의 활동 속에서만 진정한 생명력을 지니고 있을 뿐이다.

에라스무스의 얼굴은 이러한 정신의 미묘한 분위기를 통해서만 의미를 갖는다. 그렇기 때문에 가장 성스러운 순간, 작품이 탄생하는 그 창조적 순간의 에라스무스를 표현한 홀바인의 그림은 다른 그림과 비교할 수 없고, 잊을 수 없는 것이다. 이 그림은 그의 걸작 가운데 걸작이며, 아마도 말을 글로 바꿔 놓는 신비한 저술가를 가장 완벽하게 표현한 그림일 것이다. 이 그림을 한 번이라도 본 사람은 결코 잊을 수 없다!

에라스무스가 필기대에 서 있다. 그가 혼자라는 것이 우리의 온 신경을 통해 무의식적으로 느껴진다. 그 공간은 충만한 고요로 가득하다. 작업 중인 이 사람 뒤의 문은 분명히 닫혀 있다. 이 좁은 방 안에 걸어 다니는 사람은 아무도 없으며, 아무것도 움직이지 않는다. 그러나 주변에서는 무엇인가 일어나고 있는 듯하다. 자기 자신의 내면에 침잠하고 있는 이 사람은 창조의 황홀경에 빠져 있다. 그러나 그는 그것을 인식하지 못한다. 일견 돌처럼 굳어진 듯 보인다. 그러나 자세히 들여다보면, 이는 단순한 정적인 상태가 아니라 완벽한 자기 내면으로의 침잠 상태, 비밀 가득한 삶의 모습, 내면에서 완성되어 가는 완전한 삶의 모습이다. 긴장된 집중 속에서 푸르게 빛나는 눈은, 단어를 내려다보고 있는 빛나는 두 눈동자는, 가늘고 연약한 여자의 손과 같은 그의 오른손이 저 위에서 내려오는 명령에 따라 쓰고 있는 하얀 종이 위의 글자들을 좇는다. 입은 굳게 닫혀 있고, 이마는 고요하고 차갑게 빛난다. 펜은 고요한 종이 위에 룬 문자를 힘들이지 않고 기계적으로 옮기고 있는 듯 보인다. 그러나 양 눈썹 사이에 약간 튀어나온 근육은 보이지 않게, 거의 감지할 수 없이 이루어지는 이 정신노동의 고통을 드러낸다. 뇌의 창조 영역 가까이에서 경련하고 있는 그 작은 주름은 적확한 표현을 찾아내기 위한, 올바르게 옮겨야 하는 단어를 찾아내기 위한 고통스러운 싸움을 암시한다.

이로써 생각이 형태를 갖추어 드러나고, 마침내 우리는 이 인간 주위의 모든 것이 진동으로 전달된 이 침묵의 비밀스러운 흐름에 의한 긴장임을 파악하게 된다. 보통 때 같으면 엿볼 수 없는 전환의 순간, 정신적 질료가 형태를 갖춘 글로 변하는 화학적 전환 순간이 드러나는 것이다. 우리는 이 그림을 몇 시간이고 들여다볼 수 있고, 그 고요의 진동을 엿들을 수 있다. 홀바인이 '일하는 에라스무스'라는 상징으로 모든 정신노동자의 성스러운 진지함과 모든 예술가의 보이지 않는 인내를 영원한 것으로 만들었기 때문이다.

우리는 이 한 폭의 초상화에서 에라스무스의 실체를 감지할 수 있다. 성가시고 깨지기 쉬운 달팽이 껍질 같은 작고 허약한 육체 뒤에 숨겨진 강한 영혼의 힘을 엿볼 수 있다. 에라스무스는 평생 불안정한 건강 상태로 살았다. 자연이 그의 육체에 주길 거부했던 것을 신경에 과도하게 주어 버렸기 때문이다. 그는 신체 기관의 과민성으로 인해 젊은 시절에 이미 신경쇠약과 우울증에 시달린다. 자연은 그에게 너무도 모자라고, 너무도 성긴 건강의 보호막을 쳐 주었기에 항상 어딘가 한 곳은 구멍이 뚫리곤 했다. 위가 말을 듣지 않다가 류머티즘이 7의 관절을 쑤셔 대고, 그런가 하면 곧 결석이 그를 괴롭히고, 이내 집게로 끊어 내는 듯한 요산성 관절염이 그를 고통스럽게 만든다. 그의 과민한 신경은 새어 들어오는 바람에 구멍 난 충치가 시린 듯한 반응을 보인다.

그래서 그의 편지는 끊임없이 질병을 보고한다. 완벽하게 그의 마음에 드는 기후는 없다. 그는 더위에 신음하고 안개가 끼면 고독해진다. 바람을 싫어하며 약간의 추위에도 얼어 버리지만 한편으로는 가열된 벽난로를 참아 내지 못한다. 더러운 공기 속 모든 악취는 두통과 불쾌감의 원인이다. 그는 늘 모피와 두꺼운 옷으로 몸을 감싸지만 소용없다. 그것은 정상 체온을 유지하기에 충분하지 않다. 그에겐 느슨한 피의 흐름에 어느 정도 활력을 유지하기 위한 매일 일정량의 부르고뉴산 포도주가 필요하다. 그러나 포도주가 약간 시기만 해도 그의 창자에선 불붙는 것 같은 신호가 온다. 잘 차려진 식사에 민감한 탁월한 향락주의자 에라스무스는 형편없는 음식에는 말할 수 없는 불안을 느낀다. 상한 고기는 위에서 반란을 일으키고 생고기 냄새는 그의 목을 졸라매기 때문이다. 이러한 예민성은 부득이하게 그에게 사치를 강요하고, 문화생활은 그에게 반드시 필요한 것이 된다. 에라스무스는 부드럽고 따뜻한 옷만 입을 수 있고 깨끗한 침대에서만 잠을 잘 수 있으며 그의 책상엔 그을음 나는 송진 램프 대신 값비싼 밀랍 양초가 타고 있어야 한다.

그런 그에게 모든 여행은 불쾌한 모험이 된다. 형편없는 수준이던 그 당시 독일 여관에 대한 이 영원한 방랑자의 보고서는 문화사적으로 어느 누구도 보충할 수 없는 뛰어난 카탈로그인 동시에 유쾌한 악담이 곁들어진 재미있는 읽을거리이기도 하다. 바젤에 체류할 당시, 그는 나쁜 냄새가 나는 골목을 피하려고 먼 길을 돌아 귀가한다. 모든 형태의 악취, 소음, 오물, 연기, 그리고 정신적인 것으로 말하자면 난폭함과 혼란은 예민한 그에겐 살인적인 정신의 고통을 유발한다. 한번은 로마에서 친구들이 그를 투우장에 데리고 갔는데, 그는 구역질하며 이렇게 말한다.

"나는 이같이 피비린내 나는 놀이, 이런 야만의 찌꺼기가 전혀 즐겁지 않다."

그의 섬세한 내면은 모든 형태의 야만에 고통을 느낀다. 이 고독한 위생학자는 야만 세계에서, 신체를 경시하는 그 시대의 한 가운데서 예술가로서, 저술가로서 청결함을 필사적으로 추구한다. 그의 신경 기관은 굵은 뼈대와 거친 피부, 무쇠처럼 무감각한 신경을 가진 동시대인들에 훨씬 앞선 것으로, 먼 훗날의 시대가 요구하는 문화적 욕구를 지니고 있다. 그런 그의 불안 중 불안은 당시 이 나라에서 저 나라로 살벌하게 번지고 있던 페스트에 대한 것이다. 그는 이 검은 전염병이 백 마일 떨어진 곳에서 발생했다는 소식을 듣자마자 등골이 오싹해졌고, 황제가 자기를 자문위원으로 부르든 어떤 유혹적인 제안이 들어오든 아랑곳하지 않고 공포에 사로잡혀 즉시 거처를 옮기고 도망가 버린다. 종기가 가득 나 썩어 가는 자기 몸을 본다는 것, 병균에 뒤덮인 자기 몸을 본다는 것은 실로 품위가 떨어지는 일이었으리라. 에라스무스는 이러한 모든 질병에 대한 과도한 불안을 결코 부인하지 않았다. 그리고 '죽음이라는 이름 앞에서는 벌벌 떤다'고 솔직하게 시인하는 걸 부끄러워하지 않는다. 자기의 일을 즐기고 중요하게 여기는 모든 사람과 마찬가지로 그는 그 멍청하고 우둔한 우연의, 말하자면 한심한 감염의 희생자가 되려 하지 않는다. 그는 선천적으로 허약한 자신의 육체와 특별히 위태로운 자신의 신경 상태를 누구보다도 잘 알고 있기에 불안이라는 합리성을 이용해 자기의 예민한 작은 몸을 보호하고 아낀다.

그는 너무 호화로운 접대는 사양하면서도 청결과 잘 준비된 음식에 세심하게 주의를 기울인다. 비너스의 유혹을 멀리하고, 무엇보다도 전쟁의 신 마르스를 두려워한다. 육체적 고통이 이 늙어 가는 자를 압박하면 할수록 그는 더욱더 의식적으로 삶의 방식을 끊임없는 퇴각전으로 만든다. 그것은 삶의 유일한 즐거움인 일을 위해 필요한 휴식과 안정, 그리고 은거를 얻어 내기 위한 것이다. 그렇게 위생에 세심한 주의를 기울이고 육욕의 쾌락을 포기한 덕분에 도저히 이룰 수 없을 것 같았던 일을 해낼 수 있었다. 즉 그는 고통스럽긴 했지만 다 부서질 것 같은 육체와 함께 칠십 년이라는 세월을 살아 낸 것이다. 그토록 거칠고 황량한 모든 시간을 통과해 나가며 그러한 삶 속에서 자신이 진실로 중요시했던 유일한 것, 자신의 밝은 시각과 누구도 침해할 수 없는 자기 내면의 자유를 지켜 낼 수 있었다.

이 같은 예민한 신경, 과민한 신체 기관을 가지고 영웅이 되기란 어려운 일이다. 그의 성격이 자신의 연약하고 신뢰할 수 없는 몸 상태를 반영하는 건 필연적이다. 그의 모습을 보면, 그처럼 연약하고 부서지기 쉬운 그 작은 사내가 르네상스와 종교 개혁이 갖는 천성적인 난폭한 힘 한가운데서 대중을 이끄는 지도자가 되기에는 부적합했다는 사실이 드러난다. 라바터는 에라스무스의 얼굴을 두고 '어디에도 앞으로 밀고 나가는 대담성은 찾아볼 수 없다'라고 평가한다. 에라스무스의 성격 또한 같은 평가를 받는다. 이처럼 활력 없는 기질은 실제 싸움에서도 그대로 드러난다. 에라스무스는 마치 위험이 닥치면 죽은 척 꼼짝도 않거나 보호색으로 몸 색깔을 변화시키는 작은 동물의 방법으로 자신을 보호한다. 그가 불안을 느낄 때 가장 즐겨 사용하는 방법은 자신의 달팽이 껍질 안으로, 다시 말해 자신의 연구실 안으로 숨어 버리는 것이다. 그는 책으로 된 벽 뒤에서만 안전감을 느낀다.

운명적 기로에 놓인 에라스무스를 관찰하는 일은 고통스러울 정도다. 상황이 급박해지면 그는 서둘러 위험 지역에서 기어 나온다. 그리고 모든 결정에 앞서 아무런 의무를 지지 않을 수 있는 말, '만약'이나 '이런 경우에는'이란 태도로 퇴로를 확보한다. '그렇다'와 '아니다' 사이에서 이리저리 흔들리고 자기 친구들을 혼란스럽게 만들며 적들을 화나게 만든다. 그를 믿었던 동맹자가 비참하게도 속았다고 느낄 수도 있다. 철저한 외톨이인 에라스무스는 자기 자신 말고는 아무에게도 충실하지 않는다. 그는 본능적으로 모든 종류의 결정을 싫어한다. 결정은 구속이기 때문이다. 그래서 어쩌면 정열적으로 사랑하는 자 단테도 우유부단함을 이유로 그를 연옥에 집어 던졌을지도 모른다. 중립주의자들에게, 신과 사탄의 싸움에서 어떤 경우에라도 어느 편을 들려고 하지 않는 그 천사들,

신에게 반항하지도 않았고
신을 믿지도 않았던
그 나쁜 천사들의 합창단

에게 보냈을 것이다.

헌신이나 어떤 절대적 의무가 요구되는 곳이면 어디에서나 에라스무스는 중립의 차가운 자기만의 달팽이 껍질 속으로 숨어 버린다. 그에게 세상의 어떤 이념을 위해서도, 어떤 신념을 위해서도 순교자로서 머리를 단두대에 올려놓을 의향은 없었을 것이다. 지금까지 이야기한 성격의 약점을 에라스무스 자신이 누구보다도 더 잘 알고 있었다. 그는 자신의 몸과 영혼에는 자연이 순교자를 만드는 데 사용하는 재료가 전혀 섞여 있지 않

다고 기꺼이 고백했으며, 공정과 관용이 인간의 첫 번째 미덕이라는 플라톤의 가치를 자기 것으로 받아들였다. 그에게 있어서 용기는 두 번째 자리에 오는 것이었다. 에라스무스의 용기는 기껏해야 자기가 용기 없다는 것을 부끄러워하지 않고 솔직하게 드러내는 데 있었다.(시대를 막론하고 참으로 이상한 형태의 솔직함이다.) 사람들이 언젠가 투쟁적 용기가 부족하다고 그를 거칠게 비난했을 때, 그는 미소 지으면서 태연하고도 부드럽게 대답했다.

"내가 스위스 용병이라면 그건 엄격한 비난이 될 것입니다. 하지만 난 학자이고 작업을 위해서 평온이 필요합니다."

이 신뢰할 수 없는 몸에서 믿을 수 있는 것은 단 한 가지, 지칠 줄 모르고 일하는 균형 잡힌 뇌, 그의 연약한 육체 저편에 존재하는 특수한 신체였다. 이것은 어떠한 유혹도, 어떠한 피곤도, 흔들림도, 동요도 알지 못하며 태초부터 죽는 시간까지 언제나 빛과 같은 힘을 가지고 활동한다. 연약한 살과 피를 가진 우울증 환자 에라스무스는 일에 있어서는 거인이었다. 그의 작은 육체에 필요한 잠은 서너 시간이면 충분했다. 이렇게 하면서도 그는 자기의 작은 육체를 조금도 망가뜨리지 않는다! 나머지 스무 시간에 글을 쓰고, 읽고, 토론하고, 대조하고, 교정하면서 쉬지 않고 일했다. 그는 여행 중에도 글을 쓰고, 덜거덕거리는 마차 안에서도 글을 쓴다. 음식점에서는 식탁이 즉시 그의 작업대가 된다. 그에게 깨어 있다는 것은 저술 활동을 하고 있다는 것과 같은 의미이며, 필기도구는 그의 여섯 번째 손가락과 같다.

그는 책과 종이로 성을 쌓아 놓고 그 뒤에 숨어 마치 바늘구멍 카메라를 통해 내다보듯, 질투와 호기심에 가득 찬 시선으로 모든 사건을 관찰한다. 그 어떤 학문적 발전과 발명도, 어떠한 논박문과 정치적 사건도 그의 시선을 피하지 못한다. 이 둥근 세계에서 일어나는 모든 일을 그는 책과 편지를 통해 알고 있다. 그에게 전달되는 것 대부분이 글로 쓰인 말과 인쇄된 말을 통해서 이루어지고, 에라스무스에게 현실과의 교류는 오로지 머릿속에서만 진행된다는 점이 그의 작품에 아카데미즘의 특성과 모종의 추상적인 냉정함을 가져다주었다. 그의 몸이 그러하듯 그의 글에는 질척한 표현이나 관능의 표현이 존재하지 않는다. 여기 이 사람은 감각 기관을 이용해서가 아니라 단지 뇌의 눈으로만 세상을 파악한다. 그러나 그의 지식욕은 모든 영역을 포괄한다. 그의 호기심은 마치 탐조등처럼 활발하게 삶의 모든 문제에 빛을 비추고 냉정하고 한결같은 엄격함으로 그것들을 해명해 낸다. 비할 데 없이 탁월한 면밀함과 엄청난 폭을 지닌 현대적인 사고 기관인 것이다. 동시대의 어느 한 영역도 조명되지 않고 남아 있는 것이 없을 정도다.

이곳저곳 떠돌아다니지만 언제나 분명하게 목표를 설정하는 그는 모든 정신 영역의 선구자이자 개척자이다. 에라스무스는 신비로운 마법 지팡이와 같은 직관을 소유하고 있었으므로 동시대인들이 아무것도 예감하지 못하고 지나쳐 버린 모든 곳에서 파헤쳐야 할 여러 문제의 금맥과 은맥을 감지해 냈다. 그는 그것들을 추적하고 그 냄새를 맡아 내 가장 먼저 가리킨다. 그러나 이러한 발견의 기쁨은 계속해 다른 관심사로 나아가고자 하는 탓에 완전히 소진되어 버린다. 그래서 그는 보물을 발견하는 일의 본질, 즉 보물을 캐내고 선별하여 활용하는 노력을 후세에 맡긴다. 여기에 그의 한계가 있다. 에라스무스(그가 가진 대단한 '뇌의 시야'라고 하는 것이 더 나을지 모르겠지만)는 문제들을 단지 조명만 하고 처리하지 않는다. 그의 피와 몸에 고동치는 정열이 없듯이, 그의 저술에는 극단의 광신, 마지막까지 물고 늘어지는 완강함, 일방적인 광포함이 존재하지 않는다. 그의 세계는 폭이지 깊이가 아니다.

그렇기 때문에 그를 평가할 때, 그가 끼친 영향이 아닌 그의 저작물에만 평가의 잣대를 대는 한, 주목할 만큼 현대적인, 시대를 초월하는 이 인물에 대한 모든 평가는 불공정한 것이 되고 만다. 에라스무스는 수많은 층을 이루고 있는 영혼이었으며 서로 다른 여러 재능의 혼합체, 즉 하나의 총체였지 단순한 단일체는 아니었기 때문이다. 대담하면서도 다른 한편으로 불안해하고, 추진력 있게 앞으로 밀고 나가다가도 마지막 결단 앞에서는 우유부단하고, 정신 면에서는 투쟁적이지만 평화를 사랑하는 가슴을 가지고 있고, 저술가로서 우쭐대지만 한 인간으로서는 비굴하다 할 정도로 겸손하고, 회의주의자이면서 이상주의자인 그는 이처럼 모든 상반되는 경향을 성긴 혼합 형태로 자기 내면에 함께 가지고 있다. 벌처럼 부지런한 학자와 자유 정신을 가진 신학자, 엄격한 시대 비평가와 온화한 교육자, 조금은 냉정한 시인이자 뛰어난 서신 작가, 맹렬한 풍자꾼이자 모든 인류의 온화한 사도, 이 모든 것이 서로를 적대시하거나 상충하지 않고 그 넓은 정신 속에 동시에 담겨 있다. 그가 가진 재능 중의 재능, 즉 서로 싸우는 것을 화합하고 대립을 해소하는 능력이 그의 외적 삶에서뿐만 아니라 그의 내면에서도 효력을 발휘했기 때문이다.

그러나 이러한 다양성에서 조화로운 작용이 자연스럽게 나타날 수는 없다. 그리고 우리가 에라스무스적 주체, 에라스무스 정신이라 부르는 것은 에라스무스에게서보다 그의 후손들에게서 더 강렬한 특징을 나타냈다. 독일의 종교개혁과 계몽주의, 자유로운 성경 연구, 다른 한편으로는 라블레와 스위프트 같은 사람들의 풍자, 유럽의 이념과 현대적 인문주의, 이 모두는 에라스무스의 사고에서 나온 것이지만 그의 행동을 통해 이루어진 것은 아니다. 그는 도처에 최초의 동기를 부여해 주었고, 여러 문제들을 움직이게 만들었다. 그러나 그 움직임들은 에라스무스 자신을 앞질러 나갔다. 잘 이해하는 천성을 지닌 사람이 잘 성취하는 경우는 드물다. 앞을 내다보는 능력이 맹렬한 추진력을 억제하기 때문이다. 루터가 말하듯이 '좋은 작품이 현명함과 신중함에서 계획되는 일은 좀처럼 드물고 모든 것은 분명히 무지에서 일어나기' 마련이다.

에라스무스는 시대의 빛이었고 다른 사람들은 시대의 힘이었다. 그는 길을 밝혀 주었고 다른 사람들은 그 길을 걸어갈 줄 알았다. 그런 가운데 그 자신은 항상 빛의 근원처럼 그림자 속에 머물러 있었다. 그러나 새로움으로 들어가는 길을 가리켜 주는 자가 그 길을 최초로 걸어가는 자보다 덜 존경받는 것은 아니다. 드러나지 않게 활동하는 자들도 자신의 일을 한다.

대가의 시절

새로운 것을 건설하려면
항상 존재하는 기존의 것을 먼저 흔들어야만 한다.
모든 정신의 혁명에서는 비판자와 계몽자가
창조자와 개조자에 앞선다.
흙이 부드럽게 부서진 이후에야
땅은 비로소 씨앗을 받아들일 준비를 하는 법이다.

한 예술가가 자기의 모든 재능을 조화롭게 통합할 수 있는 주제나 예술 형식을 발견한다면, 그것은 그의 생애에 더없는 행운이다. 에라스무스는 매혹적이고 완벽한 작품, 『우신 예찬』으로 이를 성취해 낸다. 『우신 예찬』에서는 에라스무스 내면의 박학다식한 학자, 신랄한 시대 비평가, 풍자적 조소자가 한 몸처럼 만난다. 그의 어느 작품보다도 헛됨에 저항한 가장 유명하고 비할 데 없이 우수한 이 작품을 통해 에라스무스는 대가로 알려지고 인정받는다.

시대의 심장을 정통으로 꿰뚫은 이 작품은 아주 가볍고 장난스러운 손에서 나왔다. 이 매혹적인 풍자는 사실 그저 마음의 무거운 짐을 풀 요량으로 단 일주일 만에 물 흐르듯 쓰였다. 그러나 바로 이 가벼움이 그에게 날개를 달아 주었고 그 태평스러움이 거리낌 없는 감흥을 가져다주었다. 당시 에라스무스는 마흔의 나이를 넘기고 있었으며, 헤아릴 수 없이 많은 책을 읽고 수많은 글을 썼을 뿐 아니라 그 냉정하고 회의적인 눈으로 인류의 깊숙한 곳을 들여다보고 있었다. 그러나 그는 자신이 원하는 인류의 모습을 발견하지 못했다. 그가 본 것은 이성적이지 못한 권력의 모습이었다. 그에겐 완전히 뒤엉켜 혼란스러운 그 모습이 너무도 어리석게 보였다. 그가 시선을 돌리는 곳마다 그에겐 셰익스피어가 『소네트Sonnet』에서 노래한 것들이 보였다.

가치 있는 이가 걸인으로 태어나고
아무것도 아닌 것이 화려하게 치장하고
예술은 권력에 침묵하며
소박한 성실성이 멍청함으로 여겨지는 행태◆

에라스무스처럼 오랫동안 가난했던 사람들, 오랫동안 어둠 속에서 자선을 구걸하며 권력자의 집 대문 앞에 서 있던 사람들은 괴로움 가득한 마음을 마치 쓴 물을 삼키듯 억지로 참아 내고 있었다. 그들은 인간 행위의 모든 불공정함과 어리석음을 알고 있고, 그들의 입술은 때때로 분노와 질식할 것 같은 비명으로 떨

◆ 츠바이크가 셰익스피어의 소네트 66번을 인용한 것으로 보이나 몇몇 구절만 옮긴 것으로 소네트 원문과는 다르다는 사실을 밝힌다.

고 있다. 그러나 에라스무스는 결코 선동적이지 않으며, 반란자도 급진주의자도 아니다. 노골적이며 날카로운 비난은 온건하고 조심스러운 그의 기질에 맞지 않는다. 이 땅의 모든 악한 것을 일격에 변화시킬 수 있다는 단순하고 아름답기까지 한 환상은 에라스무스에게는 전혀 존재하지 않는다. 혼자서는 이 세상을 변화시킬 수 없다. 겉보기에 속고 속이는 일이 언제나 인간사에 존재하고 영원불변한 것이라 해도 무엇 때문에 이 세상을 버리는가. 에라스무스는 침착하게 생각한다. 영리한 자는 불평하지 않으며 현명한 자는 흥분하지 않는다. 그는 날카로운 눈과 경멸의 입술로 그 바보 같은 행동을 주시한다. 그리고 "보아라, 그리고 가던 길을 계속 가라!"라는 단테의 말처럼 고집스럽게 자기 자신의 길을 간다.

그러나 때때로 가벼운 기분이 현명한 자의 엄격한 시선과 체념의 시선을 한동안 풀어 준다. 그러면 그는 미소 짓고, 아이러니하게도 그 미소가 세상을 밝게 한다. 1509년, 에라스무스가 알프스산맥을 넘어 이탈리아에서 돌아왔다. 그곳에서 그는 종교적으로 완전히 몰락 상태에 있는 교회와, 사도의 청빈함 대신 사치와 흥청거림에 빠진 채 주교라는 자신의 군사들에 둘러싸인 용병대장과 같은 교황 율리오 2세를 보았다. 그리고 그 혼란스러운 나라에서 늑대들처럼 약탈욕에 가득 차 서로 싸우고 있는 영주들의 방자한 호전성과 권력자들의 오만함, 그리고 무서울 정도로 가난해져 가는 민중의 상황을 체험했다. 다시금 불합리의 밑바닥을 깊이 들여다보았던 것이다.

그러나 이제 그런 것들은 햇빛을 받아 반짝이는 알프스산맥의 산마루 뒤편 검은 구름처럼 저 멀리 있게 되었다. 학자이며 애서가인 에라스무스는 이번에는 특별히 고전 문헌을 끌고 오지 않았다. 예전 같으면 주석 학자의 호기심을 잔뜩 끌었을 성서나 고전 사본과 양피지 들이 함께했을 것이다. 자유로운 공기 속에서 말안장에 앉은 그의 정신도 자유를 만끽했고 좀 더 들뜬 기분을 맛보려 했다. 그때 어떤 착상이 마치 나비처럼 신비롭고 다채롭게 그에게 날아들었다. 그는 이 행운의 여행에서 그것을 잡아 가져왔다. 그는 영국에 도착하자마자 사교 모임 사람들에게 즐거움을 선사할 요량으로 토마스 모어의 별장에서 작은 해학서를 썼다. 그리고 토마스 모어에게 경의를 표하여 "모리아를 찬양하라Encomium moriae"라는 익살스러운 말장난•으로 그 글에 제목을 붙였다.(라틴어로는 *Laus stultitiae*, 즉 '우매함에 대한 예찬'이라 우선 번역할 수 있다.)

진지하고 무거우며 어쩌면 학문적으로 지나치게 부담스럽

• 모리아Moriae는 '우매함', '바보'를 뜻하는 말로, 에라스무스는 토마스 모어의 라틴어 이름 토마스 모루스Moruse에서 모리아를 연상했다고 『우신 예찬』의 서문에 밝히고 있다.

기까지 한 에라스무스의 주요 저서들과 비교해 보면 이 작고 무례한 풍자집은 치기 어린 방종의 느낌과 무언가 가볍고 경솔한 느낌을 준다. 그러나 예술 작품이 가치 있게 하는 요인은 그 부피와 무게가 아니라 내적 지속성이다. 정치 영역에서 어떤 독특한 핵심어나 비상한 위트가 때때로 데모스테네스Demosthenes[•]의 연설보다 더 결정적으로 작용하기도 하는 것처럼, 문학의 공간에서는 대부분 작은 소책자가 크고 무거운 책보다 더 오래 살아남는다. 180여 권이나 되는 볼테르의 작품 중 살아남은 것은 단지 풍자적인 간명한 소설『캉디드Candide』뿐이며, 글쓰기를 좋아하는 에라스무스의 수많은 대작 중 살아남은 것은 단지 즐거운 기분에서 우연히 얻은 아이, 반짝거리는 정신 유희,『우신 예찬』뿐이다.

이 작품이 지닌 유일하고도 모방할 수 없는 기교는 천재적인 가장술이라 할 수 있다. 에라스무스는 이 땅의 권력자들에게 혹독한 진실을 말하는 데 자신의 입을 사용하지 않는다. 그 대신에 '우매함'을 강단에 보내 그가 스스로를 칭송하게 만든다. 이를 통해 재미있는 착각이 발생한다. 도대체 누가 말하고 있는 것인지 알 수 없게 되는 것이다. 에라스무스가 진지하게 말

[•] 고대 그리스의 웅변가. 아테네의 시민을 시기기 위해 마케도니아에 반대하는 연설을 한 것으로 유명하다.

하고 있는 것인가, 아니면 거칠고 무례한 우매함이 등장인물이 되어 말하고 있는 것인가. 이러한 모호함을 이용해 에라스무스는 그 모든 대담함이 공격당하지 않을 장소를 마련해 놓는다. 그의 본래 의도는 파악되지 않고, 그가 모든 페이지마다 아낌없이 내놓은 타는 듯 아픈 채찍질, 신랄한 조소의 단어들 때문에 그를 잡아들이고 싶은 생각이 들지만, 그는 이렇게 조롱 섞인 말로 자신을 방어한다.

"그런 말을 한 건 내가 아니라 우매함이라 불리는 부인이지요. 그런데 그런 바보의 말을 누가 진지하게 받아들인답니까?"

검열과 종교재판의 시대에 반어와 상징을 이용해 시대 비판을 몰래 세상에 들여오는 일은 어둠의 시대에 살던 자유정신주의자들에겐 유일한 탈출구였다. 그러나 에라스무스 시대에 그보다 자유롭게 떠들 수 있는, 그 신성한 바보의 권리를 능란하게 사용한 사람은 거의 없었다. 이 풍자집은 가장 대담한 동시에 가장 예술적인 작품이었다. 진지함과 농담, 지식과 유쾌한 조롱, 진실과 과장이 다채롭게 하나로 얽혀 소용돌이치고 있어, 그것을 붙잡아 엄중하게 묶어 두려 해도 언제나 발랄하게 다시 풀려나 버린다. 이 작품을 동시대인들의 조잡한 논쟁과 정신이 깃들지 않은 욕지거리에 비교해 보면 이 매력적인 불꽃이 어떻게 정신의 암흑 한가운데서 한 세기 전체를 황홀하게 만들어 주고 구원해 주었는지 잘 이해할 수 있다.

풍자가 익살스럽게 시작된다. 학자 예복을 입은, 그러나 머리엔 우스꽝스러운 벙거지를 쓰고 있는 우매함이라는 부인이 (홀바인이 그를 그렇게 그렸다) 연단에 올라 학자의 냄새를 풍기며 자기 자신을 존경하는 찬양 연설을 한다. 그녀는 자기가 자신의 시녀들인 '아부'와 '자기애'로 세상을 움직이고 그 흐름을 유지하는 유일한 존재라고 스스로 찬양한다.

"나 없이는 어느 집단도, 어느 사회도 편안하게 유지될 수는 없을 것입니다. 서로 속이고 아첨하며 영리하게 굴종하지 않는다면, 결국 모든 것이 우매함이라는 첨가물로 양념되어 있지 않다면, 정말이지 민중이 자기 군주를, 주인이 자기 하인을, 시녀가 자기 주인 마님을, 선생이 자기 학생을, 친구가 자기 친구를, 아내가 남편을, 음식점 주인이 손님을, 동료가 자기 동료를, 즉 간단하게 말해서 인간이 다른 인간을 견뎌 내지 못할 것입니다."

상인은 단지 돈을 벌기 위해 일을 하고, 작가는 '우쭐한 명예의 유혹' 즉 불멸성이라는 도깨비불을 좇기 때문에 창조 작업을 하며, 군인은 광기의 도움이 있어야만 용감해진다. 냉정하고 약은 사람은 모든 싸움에서 도망칠 것이다. 그런 사람은 자신의 이익을 위해 가장 필요한 최소한의 일만 할 것이다. 영원성에 대한 갈증을 주는 '바보 풀'이 뿌리를 내리지 않는 한, 사람들은 손 하나 까딱하려 하지 않고 정신을 긴장시키지도 않을 것이다.

이제 여러 가지 역설이 흥겹게 소리 내며 터져 나온다. 오직 망상을 베풀어 주는 우매함이라는 부인만이 인간을 행복하게 해 준단다. 모든 인간은 자기 열정에 더욱 맹목적으로 집착하면 할수록, 더욱 비이성적으로 살면 살수록 더 행복하다는 것이다. 모든 깊은 생각은 자신을 고통스럽게 하고 정신을 어둡게 하기 때문이다. 즐거움이란 결코 명료함과 명민함에 있지 않고 언제나 도취와 열광, 흥분, 망상에만 있다. 약간의 우매함은 모든 삶에 깃들어 있으며, 정직한 사람, 통찰력이 있는 사람, 열정에 굴복하지 않는 사람은 정상적인 인간이 아니라 일종의 비정상을 뜻한다. 우매함 부인은 '우둔함에 사로잡혀 있는 자만이 진실로 인간이라 불릴 수 있다'며 자신이 모든 인간 활동의 진정한 동기라고 스스로를 침이 마르도록 찬양한다. 그녀는 유혹적인 장광설을 늘어놓으면서 세상의 모든 미덕, 명료한 통찰과 진실의 인식, 정직과 솔직함이 원래는 인간에게서 삶의 기쁨을 앗아 가기 위해 고안된 것이라고 설명한다. 그리고 교양 있는 부인인 그는 거만한 태도로 소포클레스를 자기에게 유리하게 인용한다.

"인생은 무지 안에서만 행복하다."

그녀는 엄격한 학문의 방식으로 자신의 주장을 조목조목 설명하기 위해 바보들의 줄에 증인들을 열심히 끌어다 붙인다. 이 대단한 퍼레이드에서 모든 지위의 사람들이 자신의 특별한 망상을 보여 준다. 그들 모두가 앞으로 행진한다. 수다스러운 수사학자, 모든 것을 꼬치꼬치 캐묻는 법률학자, 세상의 천지 만물을 자기만의 특별한 주머니에 담아 두고 싶어 하는 철학자, 신분을 자랑하는 귀족들, 금전 착취자, 스콜라 철학자와 작가, 배우와 군인, 그리고 마지막으로 자기 감정에 빠진 영원한 바보들, 즉 자기 애인에게 모든 즐거움과 아름다움의 총체가 유일하게 모여 있다고 생각하는 연인들.

에라스무스는 세상사에 대한 놀라운 지식으로 인간 세상의 화려한 우매함 전시장을 구성한다. 그래서 몰리에르Molière와 벤 존슨Ben Johnson 같은 위대한 희극 작가들도 에라스무스가 가볍게 스케치해 놓은 캐리커처 중 실존 인물로 이 인형극에 끼어들게 되었다. 인간의 어리석음이 빚어 낸 어떠한 유형도 보호해 주지 않고 잊지 않는, 바로 그 완벽함을 통해 에라스무스는 자신을 방어한다. 다른 지위의 그 어떤 사람도 빠져나갈 수 없으니 누가 자기만 특별히 조롱당했다고 대들 수 있겠는가? 에라스무스의 학문적 능력 전부가, 그의 모든 지적인 힘, 그의 위트와 지식, 명석한 눈과 유머가 처음이자 마지막으로 완전한 능력을 발휘한다. 세상을 바라보는 그의 회의적인 면과 탁월한 면이 마치 치솟아 오르는 로켓의 수많은 불꽃처럼 여기에서 합동 공연을 펼친다. 지고한 정신이 이곳 완벽한 놀이 속에서 발현하는 것이다.

그러나 근본적으로 이 작품은 에라스무스에게 해학 이상의 것이었다. 그는 다른 어떤 작품에서보다 사소해 보이는 바로 이 작품에서 더욱 완벽하게 자신의 속마음을 터놓을 수 있었다. 그가 가장 애착을 갖는 『우신 예찬』은 자신의 가장 깊은 내면에 존재하는 본질에 대한 영혼적 결산이었기 때문이다. 어느 것에도, 그 누구에게도 기만당하지 않았던 에라스무스는 작가가 되려는, 진정한 창조자가 되려는 자신을 방해한 비밀 가득한 연약함의 근본적 원인을 인식했다. 다시 말해 그는 자신이 언제나 너무 이성적이고, 정열적인 면이 부족하며, 본인이 견지하고 있는 중립의 태도, 그리고 모든 사물 위에 존재하려는 자세가 자기를 생동의 힘과 동떨어지게 한다는 사실을 인식한 것이다. 이성은 언제나 규제의 힘일 뿐이며 결코 그 자체로 창조의 힘이 되지 못한다. 사실 생산적인 것이란 언제나 어떤 환상을 전제로 한다. 에라스무스는 놀라울 정도로 환상이 없어서 일생 동안 정열이 없는 사람으로 남는다. 인생의 마지막 행복이라 할 수 있는 완전한 헌신과 성스러운 자기희생을 전혀 알지 못하는, 냉정하고 위대한 정의의 인간이었던 것이다.

그렇지만 우리는 이제 이 책 덕분에 처음으로, 그리고 오직 여기에서만 에라스무스가 너무도 이성적인 자신의 성격, 자신의 정직성과 책임감, 그리고 늘 감정을 적당히 조절하는 온화한 기질 때문에 괴로워했다는 사실을 예감하게 된다. 예술가는 자기에게 부족한 것, 자기가 늘 열망하던 것을 형상화하는 곳에서 가장 확실한 창조를 해내듯, 이 전형적인 이성의 인간은 우매함에 대해 유쾌한 찬가를 짓고 똑똑함만을 숭배하는 자들을 극히

『우신 예찬』의 삽화

한스 홀바인 작

교묘한 방법으로 조소하는 데 천부의 재능을 발휘한다.

물론 일반적으로는 책이 갖는 탁월한 가장술을 이용해 자신의 실제 의도를 감추어선 안 된다. 그러나 겉으로 보기에 해학적인 이 『우신 예찬』은 축제의 가면 뒤에 숨은 그 시대 가장 위험한 책 중 하나였으며, 오늘날 우리에겐 풍요로운 정신의 불꽃이라는 인상을 주지만 실상은 독일의 종교개혁에 자유로운 길을 열어 준 폭발과 같은 것이었다. 말하자면 『우신 예찬』은 지금까지 쓰인 논박서 중 가장 효력 있는 논박서다. 당시 로마에 간 독일의 순례자들은 불쾌함과 분노를 안고 돌아왔다. 로마에서 교황과 추기경들은 르네상스 시기 이탈리아의 군주들처럼 도덕을 상실한 향락적인 생활을 하고 있던 것이다. 그래서 진실로 종교의 본질을 간직하고 있던 사람들은 더는 참지 못하고 '머리부터 발끝까지 교회의 개혁'을 요구했다. 그러나 사치에 빠진 교황들의 로마는 모든 항의를 일축했고 자신들에 우호적인 항변까지도 거부했다. 큰소리로 항의하고 열성적으로 항변한 이들은 모두 입에 재갈이 물리고 화형장에 보내지는 벌을 받았다. 성물聖物을 팔아먹는 악습과 면죄부를 이용한 행패에 대한 분노는 단지 민요나 일화 형식의 질펀한 글에서만 은밀하게 폭발할 뿐이었다. 피를 빨아먹는 거대한 거미로 그려진 교황의 초상화가 담긴 유인물들이 손에서 손으로 몰래 전해졌다.

이제 에라스무스가 교황청이 저지른 죄의 목록을 시대의 벽에 박아 공개한다. 본뜻을 모호히 감추는 기술의 대가인 그는 이 종교적 폐해에 결정적인 공격을 가하기 위해 위험하지만 반드시 해야 할 모든 말을 우매함 부인의 입을 빌려 말하는 대단한 기법을 이용한다. 채찍을 휘두르는 것이 표면상 바보의 손임에도 불구하고 사람들은 비판적 의도를 즉시 이해한다.

"그리스도의 대리인이시며 지고하신 신부님, 그리고 교황 성하께서 그리스도의 삶을 닮으려는 일에 전심전력하신다면, 그리고 가난을 견디려 노력하시고 십자가를 지는 고난을 참아 내시며 세속의 모든 욕망을 멀리하는 태도를 나누신다면, 이 세상에서 누가 이분들보다 더 많은 한탄을 할 수 있겠습니까? 현명함이 이분들의 정신을 단 한 번만이라도 점령한다면 이 성스러운 아버지들께서는 얼마나 많은 보물을 잃게 될까요! 그 엄청난 부, 하느님의 영광, 높은 벼슬자리, 수없이 행해지는 죄의 사면, 다양한 이유로 거둬들이는 세금, 향락과 쾌락의 자리에 불면의 여러 날 밤, 단식, 기도와 눈물, 그리고 예배와 수천 가지 다른 힘겨움이 대신 들어서게 되겠지요."

그리고 우매함 부인은 갑자기 바보의 역할에서 빠져나와 명확하고도 분명하게, 장래의 종교개혁에 대한 요구를 세상에 대고 말한다.

"그리스도의 교리는 온화, 인내, 그리고 세속적인 욕망에 대한 경멸 이외에 그 어느 것에도 근거하고 있지 않으므로, 여기에서 말하는 바는 분명합니다. 그리스도는 진실로 그분의 뜻을 따르는 대리인을 원했습니다. 그리하여 그 대리인들이 완전히 빈 몸으로 사도의 직분을 맡도록 신발과 자루뿐 아니라 옷도 벗어 놓길 요구했습니다. 그들은 칼 이외엔 아무것도 몸에 지니지 말아야 한다는 것이지요. 그러나 그 칼은 도둑질이나 살인에 쓰는 재앙 가득한 칼이 아니라 마음속 경건함이 왕위에 오를 수 있도록 영혼의 가장 깊은 곳까지 꿰뚫어 모든 광분을 죽이는 정신의 칼을 말합니다."

돌연 농담에서 예리한 진지함이 드러난다. 방울 달린 광대 벙거지 아래에서 위대한 시대 비판가의 단호한 눈이 시선을 들어 올린다. 수천, 수십만 사람들이 몰래 입 안에만 담고 있던 것을 우매함 부인이 다 말해 주었다. 그 시대의 다른 어떤 글보다 강렬하고 효과적으로, 그리고 알아듣기 쉬운 말로 교회 개혁의 필요성이 세상의 의식에 표현된 것이다. 새로운 것을 건설하려면 항상 존재하는 기존의 것을 먼저 흔들어야만 한다. 모든 정신의 혁명에서는 비판자와 계몽자가 창조자와 개조자에 앞선다. 흙이 부드럽게 부서진 이후에야 땅은 비로소 씨앗을 받아들일 준비를 하는 법이다.

그러나 단순한 부정과 비생산적인 비판은 어느 분야에서건 에라스무스의 정신 자세에 맞지 않는다. 그가 잘못된 것을 밝혀낸 다면 그것은 단지 올바름을 요구하기 위한 것이다. 그는 결코 오만한 마음으로, 혹은 유유자적한 비난의 즐거움을 누리려고 비난하지 않는다. 이러한 관용의 성격은 무엇보다도 가톨릭교회에 대한 조잡하고 파괴적인 공격을 멀리한다. 인문주의자 에라스무스가 꿈꾸는 것은 교회에 대한 반란이 아니라 종교의 르네상스, 즉 '재번영reflorescentia'이며, 예전의 그 나사렛의 순수함으로 되돌아가 그리스도교의 이념을 회복하는 일이다. 르네상스 시대에 예술과 학문이 고대의 모범으로 되돌아가 멋지게 소생했듯이 에라스무스는 교회 본연의 근원을 파내고 복음에 대한 교리로 환원하여, 그리고 그리스도의 말씀에 따라 '독단적 교리 아래 숨겨진 그리스도를 드러내 보임으로써' 외형적 형식에 질식하고 있는 교회를 정화하길 희망한다. 이렇게 끊임없이 고양되는 희망을 품고 에라스무스는—어디에서나 그렇듯 여기에서도 선구자로서—종교개혁의 선봉에 선다.

그러나 인문주의는 그 본질상 결코 혁명적이지 않다. 그리고 에라스무스는 자기가 교회의 개혁을 자극하여 가장 중요한 개척자의 임무를 수행한다 해도, 조화를 선호하고 평화를 애호하는 자기 성향에 맞게 교회의 분열 앞에서는 놀라 뒤로 물러설 것이다. 에라스무스는 가톨릭교회에서 무엇이 올바르고 무엇이 잘못된 것인지, 어떤 성사聖事가 허용되고 또 불법인지, 그리고 영성체를 본질적인 것으로 이해해야 하는지 아니면 비본질적인 것으로 간주해야 할지 결정할 때, 모든 모순을 일거에 쓸어 버리는 루터와 츠빙글리 또는 칼뱅의 격한 방법은 결코 사용하지 않을 것이다.

그는 겉으로 보이는 형식의 준수가 그리스도교의 진정한 본질이 아니라는 사실을 강조하는 데서 만족한다. 신앙의 척도는 오로지 자기 내면에서만 결정된다는 것이다. 그의 말에 따르면 인간을 그리스도교인으로 만드는 것은 성인 숭배나 성지 순례, 시편 송독, 또는 비생산적인 '유대 정신'을 내재한 스콜라 신학이 아니라 자기 영혼의 검증, 자신의 생활 태도, 그리스도교에 합당한 생활 태도이다. 성인들을 가장 잘 받드는 자는 성인의 유골을 모아 경배하는 자나 성인의 무덤을 순례하고 촛불을 가장 많이 켜는 자가 아니라 자기 개인의 삶 속에서 성인들의 경건한 생활을 가장 완벽하게 모방하려는 사람들이다. 그리스도의 정신 속에서 자신의 삶을 이끌어 가는 것이 종교 의식의 정확한 준수와 기도, 사순절 금식이나 미사를 올리는 일보다 더욱 중요하다.

"우리 종교의 핵심은 평화와 합일이다."

에라스무스는 어디에서나 그렇듯 여기에서도 살아 있는 존재를 여러 형식으로 질식하게 만드는 대신 범인간적 존재로 승화시키려 노력한다. 그는 그리스도교 신앙을 보편 인간과 결합하면서 의식적으로 단순한 교회 법규로부터 분리해 내고자 한다. 그는 여러 민족과 종교에서 윤리적으로 모범적인 모든 것을 그리스도교 신앙의 자양분으로 삼고자 노력한다. 그리고 이 위대한 인문주의자는 편협하고 독단적인 광신의 세기 한가운데에 대고 세계를 확장하는 놀라운 말을 해 준다.

"네가 항상 진실을 마주할 때마다 그것을 그리스도교적인 것으로 간주하라."

이로써 모든 시대와 영역으로 이어지는 다리가 놓인 것이다. 에라스무스처럼 자유로운 정신으로 어디에서든 현명함과 인간성, 도덕성을 인간애의 최고 형태로 보고 그것을 그리스도교 정신 자체로 간주하는 사람은 광신적인 수도사들과는 달리 고대의 철학자들을 지옥으로 추방하지 않을 것이며(에라스무스는 한때, 감격하여 '성스러운 소크라테스'라고 외친다), 유대인들이 이집트에서 나오면서 사원을 장식하기 위해 자기들의 금과 은으로 된 집기들을 가지고 왔듯 과거의 모든 고귀함과 위대함을 종교 안으로 가지고 들어올 것이다. 에라스무스의 종교관에 따르면 한때 인간의 도덕이나 도덕 정신이 이룬 의미 있는 업적 가운데 그 어느 것도 고지식한 구분으로 인해 그리스도교 신앙과 분리되어서는 안 된다. 그리스도교의 진실과 이교도의 진실이 따로 존재하는 것은 아니며, 진실이란 그것이 어떤 형태를 띠고 있든 숭고한 것이기 때문이다. 그래서 에라스무스는 그리스도의 신학이라든가 신앙의 교리에 대해서는 말하지 않는다. 그는 '그리스도의 철학'에 대해, 그러니까 생활 자세와 규범에 대해 말한다. 그에게 그리스도교 신앙이라는 것은 단지 지고하고 인간적인 도덕의 다른 말일뿐이다.

이러한 에라스무스의 사상은 가톨릭교회의 성서 해석에 대한 구조적 힘과 신비주의자들의 불타오르는 사랑 충동에 비교해 보면 약간은 피상적이고 평범한 것일지도 모른다. 그러나 그의 이념은 인간적이다. 에라스무스의 영향은 그의 모든 지식 영역에서와 마찬가지로 여기에서도 깊이가 아니라 폭으로 작용한다. 남편을 위한 훈계서가 있으면 좋겠다는 어느 경건한 귀족 부인의 희망에 따라 저술된 에라스무스의『그리스도교 병사의 소책자Enchiridion militis christiani』는 민중의 신학 소책자가 된다. 이 책을 통해 종교개혁은 그 투쟁적이고 급진적인 민중의 요구와 함께 이미 미리 갈아 놓은 밭을 발견할 수 있었다. 그러나 싸움을 시작하게 만드는 것이 아니라 마지막 순간에 모든 것을 조정하는, 여러 제안으로 싸움을 진정시키는 것이 이 고독한 세례 요한의 사명이다. 그는 종교회의에서 사소한 교리적 문제를 둘러싸고 분쟁이 격해지는 시대에 깊은 신앙의 고귀한 통합을 꿈꾸고, 온 세상을 싸움과 분쟁에서 구원하여 신에 대한 믿음을 인류의 종교로 승화시킬 것을, 다시 말해 그리스도교의 르네상스를 꿈꾼다.

에라스무스가 한 가지 생각을 여러 형태로 표현할 줄 알았다는 사실은 그가 다방면에 능통한 사람이라는 것을 말해 준다. 이 공정한 시대 비판가는『우신 예찬』에서 가톨릭교회 내부의 악습들을 드러내었고,『그리스도교 병사의 소책자』에서는 내면화되고 인간화된 신앙심이라는 평범한 이상을 미리 꿈꾸었다. 동시에 그는 성경 비평가, 문헌학자, 그리고 성경 해석자로서 그리스어로 된 복음서를 라틴어로 새롭게 번역하는 작업을 통해 '그리스도교 신앙의 뿌리 발굴'이라는 자신의 지론을 실천에 옮긴다. 루터의 독일어 성경 번역에 길을 마련해 준 이 업적은 루터의 그 업적과 거의 동등한 의의를 지닌다. 진정한 신앙의 근원으로 되돌아가는 것, 숭고하고 순수하며 어떠한 독단과도 섞이지 않은 진정한 신앙의 원천을 찾아내는 것, 이것이 새로운 인문주의 신학에 대한 에라스무스의 요구였다. 그는 시대의 요구에 따르는 심오한 직관으로 루터보다 15년 앞서 그 작업을 가장 중요한 것이라고 판단했다. 1504년에 그는 이렇게 쓰고 있다.

"나는 내가 어떻게 온 힘을 기울여 성경을 추구할지, 그리고 나를 성경으로부터 떼어 놓고 막아서는 모든 것들에 내가 어떤 역겨움을 느낄지 이루 다 말할 수 없다."

복음서에서 이야기되는 그리스도의 삶은 수도사나 신부, 그리고 라틴어를 아는 사람들의 특권으로 남아서는 안 된다. 모든 민중이 관심을 가져야 한다.

"농부는 밭을 갈면서도 성경을 읽어야 하며, 직조공은 베틀에 앉아서도 성경을 읽어야 한다."

그리고 여자들은 그리스도교 신앙의 핵심을 자기 아이들에게 전해 줄 수 있어야 한다. 그러나 학자 에라스무스는 이 위대한 사상을 민중의 언어로 옮겨 장려하기에 앞서 교회가 허락하고 인정한 유일한 라틴어 성서 번역인 불가타성서에 여러 모호함이 있으며 문헌학적 측면에서 논란의 여지가 있다는 사실을 알게 된다. 진리에는 어떠한 세속적 오점도 붙어 있어선 안 된다. 그래서 그는 그 엄청난 역작, 성경을 라틴어로 다시 번역하고 자신의 비판적인 생각과 자유로운 견해 들을 상세한 주석과 함께 첨가하는 작업에 착수한다.

1516년, 바젤의 프로벤 출판사에서 라틴어와 그리스어로 동시에 출간된 새로운 번역의 성경은 혁명적 발걸음이 된다. 이로써 마지막 분과, 신학에도 자유 연구 사상이 승승장구하며 밀려들어오게 된 것이다. 그러나 여기에서도 에라스무스의 전형적인 특성이 여전히 나타난다. 말하자면 그는 혁명을 하는 곳에서도 너무도 교묘하게 외적 형식을 지켜 내고 있어서 그를 향한 어떤 통렬한 타격도 자극이 되지 못하는 것이다.

그는 신학자들이 공격하기 전 그들의 창끝을 미리 꺾어 놓기 위해 교회가 인가하지 않은 그 성서 번역본을 교회의 지배자, 교황에게 헌정한다. 스스로를 인문주의자라 생각하는 교황 레오 10세는 교서에서 '우리는 매우 기뻐했다'라고 우호적으로

답하고, 그에 더해 에라스무스가 그 신성한 작업에 쏟은 열정을 칭송하기까지 한다. 교회 법규에 따른 연구와 자유 연구 사이의 끔찍한 적대적 갈등을 초래한 다른 모든 사람과 달리 에라스무스는 자신의 유화적인 천성으로 논란을 극복할 줄 알았다. 그의 천재적인 중재 능력과 부드러운 조정 기술은 가장 긴장된 이 영역에서도 대단한 승리를 거두었다.

에라스무스는 이 세 권의 책으로 자기 시대에 승리했다. 그는 자기 세대의 중요한 문제에 계몽적인 말을 해 주었다. 그리고 그가 시대의 화급한 문제를 묘사하는 조용하고 평범하며 인간적인 방법은 엄청난 공감을 얻는다. 인류는 언제나 이성에 의한 진보를 가능하다고 생각하는 사람들에게 깊은 고마움을 느낀다. 사람들은 흥분 잘하는 수도사, 호전적인 광신자, 감당할 길 없는 조롱가, 그리고 이해할 수 없는 스콜라 철학 교수 모두가 지나간 후에야 마침내 정신과 종교의 일을 인간적인 것으로 가져온 이 인간을 알아보고, 그렇게 새로운 세기의 행복감을 이해한다. 그리고 모든 폐해에도 불구하고 이 세상을 믿으며 이 세상을 밝음으로 인도하려는 세계 우호적 영혼을 이해한다.

한 개인이 자기 시대의 결정적 문제에 단호하게 다가서자 그를 중심으로 공동체가 형성되고, 그 공동체의 조용한 기대로 그의 창조적 힘은 배가된다. 모든 힘, 모든 희망, 그리고 새로 부활한 여러 학문을 통한 인간 본질의 도덕화와 정신적 고양에 대한 모든 초조함은 결국 이 사람에게서 그 초점을 발견했다. 사람들은 생각한다. 이 사람이 아니면 아무도 이 시대를 채우고 있는 거대한 긴장을 풀어내지 못하리라. 16세기 초, 에라스무스의 이름은 단순한 문학적 명성에서 벗어나 비교할 수 없는 힘이 된다. 그가 대담했더라면, 그는 그 힘을 세계사를 뒤흔드는 방향으로 사용할 수도 있을 것이다. 그러나 행동은 그의 세계가 아니다. 에라스무스는 어떤 일을 단지 해명해 줄 수 있을 뿐 형상화하지 못하며, 단지 준비해 줄 수 있을 뿐 수행하지 못한다. 종교개혁은 그의 이름을 전면에 내세우지 않을 것이며, 그가 뿌린 것을 다른 사람이 수확할 것이다.

인문주의의 위대성과 한계

에라스무스에게는 신학의 영역에도,
철학의 영역에도 절대적 진리나 유일하게 유효한 진리는
존재하지 않는다. 그에게 진리는 언제나 다양한 의미와
다양한 색깔을 지니고 있다. 권리 또한 마찬가지다.

에라스무스 폰 로테르담의 명성은 그의 나이 마흔에서 쉰 사이에 절정에 오른다. 수백 년간 유럽에 그보다 더 위대한 인물은 없었다. 뒤러, 라파엘로, 레오나르도, 파라켈수스, 미켈란젤로 등 그와 동시대를 산 그 누구의 이름도 그 당시 정신세계에서 그가 받는 것과 같은 경외심으로 불리지 않는다. 어느 작가의 작품도 그의 작품만큼 그렇게 많이 인쇄를 거듭하지 못했으며, 어떤 도덕적 명성이나 예술적 명성도 그의 명성에 비교할 수 없다.

16세기 초반, '에라스무스'라는 말은 현자의 본질을, 최상과 최대*optimum et maximum*를 뜻하는 말로 쓰인다. 멜란히톤이 자신의 라틴어 찬가에서 찬양하듯 그의 이름은 인간이 생각할 수 있는 최상과 최고를, 학문과 문학 영역에서 그리고 세상사와 정신의 영역에서 부정할 수 없는 권위를 의미한다. 사람들은 그를 만물박사, 학문의 군주, 연구의 아버지, 고귀한 신학의 보호자라

칭송하며, 그를 가리켜 '세상의 빛', 또는 '서양의 피티아Pythia●',
'견줄 데 없는 인간이자 불멸의 박사vir incomparabilis et doctorum
phoenix'라고 부른다. 그에겐 어떠한 칭송도 과한 것이 아니다.
무티안Konrad Mutian은 이렇게 쓰고 있다.

"에라스무스는 표준이 되는 인간 위에 우뚝 솟아 있다. 그
는 숭고하며, 천상의 존재처럼 경건한 기도로 존경해야 할 인
물이다."

그리고 또 다른 인문주의자 카메라리우스Joachim Camerarius
는 이렇게 보고한다.

"뮤즈의 제국에서 낯선 자로 간주되려 하지 않는 모두가 그
를 경탄하고 찬미하며 칭송한다. 누군가가 그로부터 편지를 받
는다면 그것은 엄청난 명예여서 그 대단한 승리에 잔치를 벌인
다. 그와 이야기를 나눌 수 있는 사람은 이 땅에서 구원받은 사
람이다."

지금까지 헌사를 쓰고 개인 교습을 하며 구걸의 편지를 써
서 근근이 연명한, 저급한 아첨으로 권력자들에게서 보잘것없
는 녹을 받는 성직자 자리를 얻어 냈던, 얼마 전까지만 해도 아
무도 관심을 두지 않던 이 학자의 은혜를 얻기 위한 경쟁이 시

● 그리스 델포이 신전의 무녀를 가리키는 말. 아폴론의 신탁(예언)을 정리하고 해
석했다.

작된 것이다. 권력자들이 그를 얻기 위해 애쓰고, 현세의 권력과 돈이 이 정신의 인물에게 봉사하는 모습은 다시 보아도 놀라운 광경이다.

여러 황제와 왕, 영주와 대공, 고위 정치인과 학자, 교황과 고위 성직자 들이 겸손하게 에라스무스의 은혜를 구하고자 경쟁한다. 종교와 세속, 두 세계의 지배자 카를 5세는 그에게 자문위원회의 한 자리를 제공하며, 헨리 8세는 그를 영국으로, 오스트리아의 페르디난트는 그를 빈으로, 프랑수아 1세는 그를 파리로 데려오려 한다. 네덜란드에서, 브라반트(벨기에)에서, 헝가리, 폴란드, 그리고 포르투갈에서 무척이나 유혹적인 제안이 들어오고, 다섯 개의 대학이 그에게 교수직을 수여하는 영광을 얻으려고 다투며, 교황 세 명이 그에게 존경의 편지를 보낸다. 그의 방에는 그를 숭배하는 사람들이 자진해서 보낸 기부금, 금잔, 은그릇 등이 쌓인다. 마차 한 대분의 포도주와 가치 있는 서적들이 도착한다. 모든 것이 유혹한다. 모두가 그의 명성을 빌려 자신의 명성을 높이려고 그를 부른다.

에라스무스는 영리하게 그리고 동시에 회의적인 마음으로 그 모든 선물과 경의를 겸손하게 받아들인다. 그는 사람들이 자기에게 선물을 하게 만든다. 자기를 칭찬하고 찬양하게 만든다. 그리고 만족스리움을 숨기지 않는다. 그러나 그는 결코 자신을 팔지 않는다. 그는 자기에게 봉사하도록 만들지만, 자신이 모든

115

도덕의 필수 조건으로 인식했던 예술가의 내적 자유와 청렴함의 선구자로서 어느 누구에게도 봉사를 강요하지 않는다. 그는 본인이 자기 자신에게만 가장 강하다는 사실을 알고 있다. 그가 자신의 명성을 조용히 빛나는 별처럼 집 위에 달아 놓지 않고 자기 명성을 따라 이 궁정에서 저 궁정으로 옮겨 다닌다면, 그 얼마나 불필요하고 어리석은 행동이겠는가. 에라스무스는 이미 오래전부터 누구를 따라 여행할 필요가 없다. 모든 것이 그를 따라 여행하기 때문이다.

바젤은 그가 머무른 덕분에 하나의 성, 세계의 정신적 중심이 된다. 군주든 학자든 명성을 중요시하는 사람은 여행 중에 이 위대한 현자를 찾아 경의를 표하는 걸 소홀히 하지 않는다. 에라스무스와 대화를 나누었다는 것은 이미 일종의 문화적 기사 서임식을 치른 것으로 여겨지며, 그의 집을 방문한다는 것은 (18세기에 볼테르의 집을 방문하는 것이나 19세기에 괴테의 집을 방문하는 것처럼) 보이지 않는 정신의 힘을 가진 상징적 인물에게 가장 분명하게 경의를 표하는 것으로 간주되기 때문이다. 고위 귀족들과 학자들은 자신의 기념첩에 그의 자필 사인을 받기 위해 며칠씩 걸려 먼 길을 찾아온다. 에라스무스를 세 번씩이나 식사에 초대했지만 거절당했던 교황의 조카인 어느 추기경은 그가 자신의 초대를 거절할 때마다 자존심이 상했다고 느끼기보다는, 오히려 그의 입장에서 생각하여 프로벤 출판사의 더러운 인쇄

실로 찾아가야겠다고 생각한다.

에라스무스가 쓰는 모든 편지는 수신자들에 의해 고급 비단에 싸여 보관되고, 그들은 경외심에 가득 차 바라보는 친구들에게 마치 성인의 유물을 내보이듯 편지를 풀어 보여 준다. 그리고 이 대가의 추천은 마치 동화 속 '열려라 참깨'라는 주문처럼 모든 문을 열어 준다. 한 개인이, 괴테나 볼테르마저도, 유럽에서 정신적 존재로서 이처럼 세상을 마음대로 움직이는 힘을 소유한 적은 없었다.

우리 시대의 관점에서 보면 에라스무스의 이 뛰어난 위치는 그의 작품에서도, 그의 본질에서도 완벽하게 이해되지는 않는다. 오늘날 우리는 그에게서 현명하고 인간적이며 다재다능하고 경건하며 변화의 동력이 되는 정신을 엿볼 수 있지만, 감동을 느끼거나 세계를 변혁하는 정신을 발견하지는 못한다. 그러나 에라스무스는 그의 세기에서 어떤 문학적 현상 이상이었다. 그는 당시 가장 신비로운 정신적 동경의 상징이 되었고, 또 그러했다. 변혁을 원하는 모든 시대는 우선 자기의 이상을 어떤 형상에 투영한다. 시대정신은 언제나 본질을 명확히 파악하기 위해 한 인물을 전범典範으로 선택한다. 그리고 우연히 선택한 그 개인을 그 시대의 척도 이상으로 찬양하면서, 어느 면으로는 스스로 간격한다. 새로운 감정과 사상은 언제나 어떤 특별한 집단에만 이해 가능한 것이며, 대중은 그것을 추상적 형태로는 결코 파악하지 못한다. 대중은 그것을 오직 구체적인 감각으로 지각할 수 있을 때, 인간의 형상으로 나타났을 때만 파악한다. 그렇기 때문에 그들(시대정신)은 이념의 자리에 모방할 만한 인물, 형상, 견본을 즐겨 세운다. 이러한 시대의 바람은 에라스무스에게서 뚜렷하게 드러난다.

이제 일방적이지 않고 박식하며 미래를 내다보는 사람이 새로운 시대의 이상형, '보편 인간uomo universale'이 되었다. 인문주의 속에서 시대는 고유한 생각을 할 수 있는 용기와 새로운 희망을 환영한다. 역사상 처음으로 상속되고 물려받은 힘보다 정신의 힘이 앞선다. 이러한 가치 전도가 얼마나 강하고, 빠르게 이루어지는가는 이전 시대의 권력자가 자의로 새로운 권력자에게 몸을 숙인다는 사실로 증명된다. 카를 5세가 목동의 아들 티치아노Tiziano Vecellio의 떨어진 붓을 집어 주기 위해 자기 신하들 앞에서 허리를 굽힌다거나 교황이 미켈란젤로의 무례한 명령에 순종하여 이 대가를 방해하지 않기 위해 시스티나 성당에서 나가는 것, 그리고 군주와 주교 들이 갑자기 무기 대신 책과 그림, 필사본을 수집하는 모습은 상징적이다. 그들은 예술가의 창조가 전쟁이나 정치가 만들어 놓는 건축물보다 오래간다는 사실을 부지불식간 깨닫게 되고, 이로써 창조적 정신의 힘이 서양을 지배한다. 유럽은 정신의 우위, 통일된 서양 문명의 건설, 그리고 모범적 세계 문화 창조에 자신의 의미와 사명이 있다는 사실을 처음으로 깨닫는다.

이러한 새로운 세상을 위해 시대는 에라스무스를 기수로 선택한다. 시대는 그를 야만 반대자*Antibarbarus*, 모든 후진성과 가톨릭의 전통적 신앙주의를 퇴치하기 위한 투사, 더 자유로우며 더 인도적이고 더 고양된 인간성의 예고자, 도래할 세계시민의 안내자로 다른 모든 사람들 앞에 내세운다. 물론 오늘날 우리는 보편 인간의 또 다른 유형인 다빈치나 파라켈수스에게서 그 시대의 모험적이고 대담한 투쟁적인 면모, 말하자면 파우스트적인 면을 느끼곤 한다.

그러나 에라스무스의 위대함을 손상시키는 요소들, 그의 분명한, 때로는 너무 명료한 이해력, 인식 가능한 것에 만족하는 성향, 우아하고 교양 있는 것에 얽매이는 성향이 당시 그에게는 행운을 가져다주었다. 시대는 본능적으로 올바른 선택을 했다. 광포한 혁명가 대신 온건한 개혁자를 통해 세계를 개혁하고 모든 것을 완전히 갈아엎으려는 시도를 한 것이다. 시대는 에라스무스에게서 조용하지만 막을 수 없이 작용하는 이성의 상징을 발견한다. 한동안 유럽은 하나의 세계 언어, 하나의 세계 종교, 하나의 세계 문화로 태곳적부터 내려오는 숙명적인 불화를 종식켜시켜 줄 통일 문화에 대한 인문주의의 꿈같은 소망에 의견을 같이하다. 놀라운 순간이다. 그리고 이 잊을 수 없는 시도는 에라스무스 폰 로테르담의 이름에 의미 있게 연결되어 있다.

그의 이념, 소망, 그리고 그의 꿈이 세계시간 동안 유럽을 지배했기 때문이다. 그러나 유럽의 궁극적인 통일과 평화를 향한 이 순수한 정신의 의지가 우리의 조국들이 피로 쓴 비극 속에서 그저 쉽게 잊힌 막간극으로만 남았다는 사실은 그의 운명인 동시에 우리의 운명이다.

처음으로 유럽의 모든 국가, 민족, 언어를 포괄한 '에라스무스의 제국'의 통치 이념은 온화함이었다. 이는 단지 설득이라는 정신 활동의 힘을 통해서 폭력 없이 얻은 것이었기에 인문주의는 모든 폭력을 혐오한다. 그것은 만장일치로 선택된 것이었기에 에라스무스는 절대 독선적인 독재를 행하지 않는다. 자발성과 내적 자유는 보이지 않는 그의 제국의 기본법이다. 에라스무스는 이전의 군주나 종교와는 달리, 사람들을 자기의 인문주의 이상과 인도적 이상에 가혹하게 예속시키지 않는다. 그는 마치 밝은 불빛이 어둠 속에서 이리저리 헤매는 곤충들을 자기 주변으로 유혹해 끌어들이듯이 부드럽게 설득하여 아직 무지한 사람들을 깨우침으로 이끈다.

인문주의는 제국주의와 다르며 적이란 것을 알지 못하고 하인을 원하지 않는다. 이 정선된 영역에 속하고 싶지 않은 자는 그냥 바깥에 있어도 좋다. 아무도 그에게 강요하지 않는다. 누구도 이 새로운 이상에 억지로 밀어 넣지 않으며, 몰이해에서 비롯된 모든 편협성은 세계 화합을 교훈으로 삼는 이곳에서는 낯선 것이다. 한편 이 새로운 정신의 조합에 가입하려는 사람은 누구도 거부당하지 않는다. 교육과 문화에 대한 욕구를 가진 사람은 누구나 인문주의자가 될 수 있다. 모든 직위의 사람들, 남자든 여자든, 기사든 신부든, 왕이든 상인이든, 세속인이든 수도사든 누구나 이 자유로운 공동체에 들어올 수 있으며, 누구에게도 어떤 인종인지, 무슨 계급인지. 어떤 언어를 사용하는지, 국적은 어딘지 묻지 않는다. 이로써 유럽의 사상에 새로운 개념, 즉 '초국가적'이라는 개념이 생겨난다.

지금까지 인간들 사이를 가르던 넘을 수 없는 장벽이었던 언어는 더 이상 민족들을 분리해서는 안 된다. 이제 그들 모두에겐 인문주의의 공통어, 라틴어를 통해 다리가 놓인다. 그런 만큼 조국이라는 개념은 이제 불충분한 것으로, 너무도 한정된 이상이기 때문에 유럽의 이상, 초국가적 이상을 통해 극복되어야 한다. 에라스무스는 자신의 『평화의 탄식Querela pacis』*에서 '전 세계가 공동의 조국이다'라고 선언한다. 이렇게 높은 수준에서 유럽을 바라보는 그에겐 국가 간의 불화 상태가 살인적으

---

* 이 작품에서는 '평화'라는 인물이 교황과 제후들의 전쟁 정책을 탄핵한다. 모든 전쟁은 제후들이 일으키지만 전쟁에서 피해를 입는 건 민중이다. 제후들은 민중의 단결이 자기들의 권한을 흔들어 놓을까 두려워하여 항상 민중을 억압한다. 그래서 '평화'라는 인물은 모든 민중이 단결하여 전쟁을 추방할 것을 권한다. 이 작품은 독백 형식으로 된 정치 투쟁문의 성격을 갖고 있다.

로 보이고, 영국인, 독일인, 프랑스인 서로 간의 증오가 몰상식한 것으로 보인다.

"그리스도라는 이름이 우리를 하나로 만들고 있는데 도대체 무엇 때문에 이 모든 바보 같은 명칭들로 우리를 갈라놓는단 말인가?"

인문주의의 생각을 가진 사람에겐 유럽에서 벌어지는 이 모든 불화는 오해와 다름없으며, 이해와 교육이 모자라는 데서 기인하는 것이다. 그리고 앞으로 다가올 유럽의 과제는 소공국 군주들과 각 종파의 광신자들, 그리고 이기적인 국가주의자들의 허황된 요구에 감정적으로 관계하는 대신 국가 위에 유럽이, 조국 위에 인간 전체가 있다는 것과 함께 결속과 화합을 강조하고, 종교 공동체인 그리스도교를 전 우주적 개념으로 확장하여 헌신적이고 겸손한 인류애의 개념으로 변화시키는 일이다.

그러니까 에라스무스는 단순한 세계시민 공동체보다 더 높은 것을 목표로 한다. 그의 이념에는 이미 서양의 새로운 정신적 통일 형태를 향한 단호한 의지가 작용하고 있다. 물론 이전에도 몇몇 개인들이 유럽의 통일을 시도했었다. 로마의 여러 황제들과 카를 대제가 그러했고, 훗날에는 나폴레옹이 그러한 시도를 한다. 그러나 이 독재자들은 불과 쇠로 여러 민족과 국가를 통합하려 했으며 정복자의 주먹과 폭력의 망치로 약한 국가를 파괴했다. 이는 약한 국가를 강한 국가에 복속시키는 것이었다. 그러나 에라스무스에게 유럽은—이것이 결정적인 차이점이다!—하나의 도덕적 이념으로서, 철저히 비이기주의적이고 정신적인 요구로 실현되는 것이다. 오늘날까지 여전히 실현되지 못한, 공동 문화와 문명 속에 통일된 유럽 국가라는 요구는 에라스무스에게서 시작된 것이다.

모든 이해 이념의 선구자 에라스무스가 분명히 내세운 전제는 모든 폭력의 배제, 특히 전쟁의 폐지이고, '모든 선한 것의 좌초'를 막는 일이다. 에라스무스는 최초의 평화주의 문학 이론가로 여겨진다. 그는 계속되는 전쟁의 시대에 교회에 맞서 다섯 편의 글을 썼다. 1504년에 미남왕 펠리페 1세에게 간청문을 쓰고, 1514년에 캉브레의 주교에게 '그들은 그리스도교의 군주로서 예수 그리스도의 평화를 받아들이고자 합니다'라는 제목의 간청문을 쓴다. 그리고 1515년에는 『격언집』에 '전쟁을 경험하지 못한 자들에게만 전쟁이 아름답게 보인다Dulce bellum inexpertis'라는 영원한 진실의 제목이 붙은 유명한 글을 싣는다. 1516년에 그는 『경건하고 그리스도교적인 어느 군주의 가르침Unterweisung eines frommen und christlichen Fürsten』에서 젊은 황제 카를 5세를 언급하며 경고한다. 그리고 마지막으로 1517년, '유럽의 모든 국가와 민족에게서 비난받고 쫓겨나며 죽임당한 평화의 탄식', 즉 『평화의 탄식』이 출간된다. 이 책은 어느 민족도 들어보지 못한 이야기였으며 여러 언어로 번역되어 널리 보급되었다.

에라스무스는 우리 시대로부터 500년 전인 그 당시에 이미 평화를 주장하는 이들이 얼마나 감사와 동의를 받지 못하는지 잘 알고 있었다. 말하자면 그는 '전쟁에 반대하여 입을 여는 것이 야만적이고 어리석으며 비그리스도교적이라 여겨지는 상황이 도래할 것'이라는 걸 내다본 것이다. 하지만 그걸 안다고 해서 자구권의 시대, 가장 거친 폭력의 시대에 군주들의 투쟁욕과 반복되는 공격을 막지는 못한다. 그는 "가장 정당한 전쟁보다도 부당한 평화가 훨씬 낫다"라는 키케로의 말이 옳다고 여긴다. 이 고독한 투쟁자는 오늘날에도 충분히 이용할 수 있을 논쟁의 무기고를 전쟁 앞에 설치한다. 그는 탄식한다.

"동물들이 서로 공격한다면 그건 이해할 수 있고, 그들의 무지를 용서할 수 있다."

그러나 인간은 전쟁 자체가 부당하다는 사실을 인식해야만 한다. 어떤 경우에든 전쟁은 전쟁을 부채질하고 이끄는 사람들이 아닌 아무 죄도 없는 사람들, 말하자면 승리하든 패배하든 아무것도 얻지 못하는 불쌍한 민중들에게 그 모든 부담을 지우기 때문이다.

"사람들은 대부분 전쟁과 아무런 관련이 없다. 전쟁 중에 최고의 행운을 잡는다면, 그건 일부의 행운이지 다른 사람들에겐 재앙이고 파멸의 근원이다."

그러니까 전쟁이라는 개념은 결코 정당함과 연결될 수 없다는 것이다. 그는 재차 묻는다. 전쟁이 어떻게 정당화될 수 있단 말인가? 에라스무스에게는 신학의 영역에도, 철학의 영역에도 절대적 진리나 유일하게 유효한 진리는 존재하지 않는다. 그에게 진리는 언제나 다양한 의미와 다양한 색깔을 지니고 있다. 권리 또한 마찬가지다.

"군주는 전쟁을 일으키기보다는 좀 더 사려 깊은 생각을 해야 하며, 자기 권리만을 주장해서는 안 된다. 자기 일을 정당하다고 여기지 않는 사람이 어디 있겠는가?"

모든 권리는 양면이 있으며, 모든 일은 '나름대로 색깔이 있고, 나름대로 채색되어 있으며 파벌을 통해 변질된다'는 것이다. 그리고 누군가가 자신이 옳다고 생각하더라도 권리는 폭력에 의해 결정되는 것이 아니며, 또한 결코 폭력을 통해 잃는 것도 아니라는 것이다.

"전쟁은 전쟁을 낳고, 늘 양편이 서로 옳다고 대립하는 데서 발생하기 때문이다."

그러니까 정신적인 사람들에게 있어서 무력을 통한 결정은 결코 갈등의 도덕적 해결을 의미하지 않는다. 그래서 에라스무스는 전쟁이 일어나는 경우, 모든 나라의 정신적인 사람들과 교양 있는 사람들이 서로 절교하지 말아야 한다고 분명하게 이야기한다. 그들의 입장이 의견의 대립, 민족, 인종, 계급의 대립을 당파적인 것을 강화하는 데 쓰여서는 안 된다. 그들은 흔들림 없이 인간성과 정당성의 순수한 영역을 고수해야만 한다. 정신적인 사람들의 영원한 과제는 '적대적이고 비그리스도교적이며 짐승처럼 거친 전쟁의 무의미함'에 맞서 세계를 결속하고 그리스도교 이념을 설파하는 것이다.

에라스무스가 교회에 대해 가장 격렬하게 비난하는 점은 교회가 가장 지고한 도덕의 성지임에도 불구하고 세속적인 권력을 위해 '그리스도교적 세계 평화'라는 위대한 아우구스티누스의 이념을 포기했다는 것이다. 그는 격노하여 외친다.

"신학자들과 그리스도교적 삶의 스승이라는 사람들이 그리스도가 그토록 싫어한 일을 제일 먼저 부채질하고 불붙이고 충동질한 자가 바로 자신이었다는 사실을 부끄러워하지 않는다."

그리고 계속해서 말한다.

"주교의 지팡이와 칼이, 주교의 모자와 투구가 그리고 복음서와 방패가 어떻게 함께 올 수 있는가? 그리스도와 전쟁을, 하느님과 악마를 한 나팔로 전파하는 것이 어떻게 가능한가?"

그러므로 호전적인 종교인은 신의 말씀을 거역하는 불합리를 범하는 것과 다르지 않다. 그런 자는 그의 주님이자 스승이 말씀하신 "평화가 너희와 함께!"라는 가장 숭고한 복음을 거부한 것이기 때문이다.

에라스무스는 전쟁, 증오, 그리고 한쪽으로만 치우친 편협함에 저항하여 목소리를 높일 때면 늘 격해진다. 그러나 그 격분의 열정은 그가 세상을 명확하게 관찰하는 데 혼란을 주지는 않는다. 감성을 지닌 이상주의자인 동시에 지성을 지닌 회의주의자인 에라스무스는 '그리스도교적 세계 평화'의 실현에 맞서는 현실의 모든 대립을 알고 있었다.『우신 예찬』에서 고집스러운 인간의 망상과 불합리의 모든 행태를 묘사했던 그는 글로 쓰인 언어로, 다시 말해 책과 설교문, 종교 논문으로 인간의 천성에 내재하는 폭력 충동을 완전히 근멸하거나 진정시킬 수 있다고 생각하는 그런 이상주의 몽상가에 속하지는 않는다.

그는 인간이란 동물이 다른 인간이란 동물에 대해 품는 근원적 증오에 대해 잘 알고 있었고, 야만의 나날이 지난 지금까지도 그 힘의 쾌락과 호전성이 핏속에 끓고 있다는 사실을 간과하지 않았다. 그리고 야만성을 완전히 제거하고 인류를 인간답게 만들기 위해서는 수백 년, 아니 어쩌면 수천 년의 도덕 교육과 문화를 높은 수준으로 끌어올리는 작업이 필요하리라는 사실을 누구보다 잘 알았다. 그는 이 불가항력의 충동들을 온화하고 도덕적인 말로 사라지게 할 수 없다는 것을 알고 있었고, 이 세상의 야만을 주어진 사실로, 그리고 당장에는 극복할 수 없는 것으로 받아들이며 참고 견뎌 냈다.

그렇기 때문에 에라스무스의 두쟁은 디른 영역에서 이루어졌다. 그는 정신의 인간으로서 항상 정신적인 인간들에게 몸을 돌릴 수밖에 없었다. 그가 향했던 사람들은 지배당하고 현혹당한 사람들이 아니라 그 시대의 지도자들, 군주, 신부, 학자, 예술가, 말하자면 그가 유럽 세계의 혼란에 책임이 있다고 생각한 사람들이었다. 넓은 시야를 가진 사상가인 그는 폭력 충동 자체가 세상에 그리 위험한 건 아니라는 사실을 오래전부터 인식하고 있었다. 폭력 자체는 호흡이 짧다. 그것은 맹목적으로 광포하게 공격하지만, 아무런 목적이 없으며 추동력도 짧게 지속될 뿐이다. 갑작스러운 폭발 이후 힘없이 사그라든다. 그것이 전염을 일으키고 정신병처럼 모든 집단을 자극하는 곳에서 처음의 열기가 식어 버리면 곧바로 그 문란한 떼거리는 길을 잃고 만다.

역사가 진행되는 과정에서 정신의 지도가 없는 폭동이나 탈선 행위가 실제 질서에 위험이 된 일은 결코 없었다. 폭력 충동이 어떤 이념에 봉사하거나 어떤 이념이 그것을 이용하는 경우에만 진짜 소요가 일어나고 모든 것을 파괴하는 피비린내 나는 혁명이 발생한다. 인간들은 슬로건이 있어야만 비로소 파벌을 형성하고, 조직화를 통해 군대를 이루며, 도그마를 통해서만 비로소 움직이기 때문이다. 인류에 폭력을 가져오는 모든 커다란 갈등의 책임은 인간에 내재한 폭력 의지가 아닌, 그 폭력 의지를 추동하여 다른 집단에 덤벼들게 만드는 이데올로기에 있다. 인류 내부에서 폭력을 가져오는 커다란 모든 갈등에 더 큰 책임이 있는 것은 종족에 내재한 인류의 단순한 폭력 의지라기보다 그 폭력 의지를 추동하여 다른 인류 집단에 덤벼들게 만드는 이데올로기라 할 수 있다.

특정 사상 또는 자신의 생각을 유일한 신앙과 삶의 형식으로 천지 만물에 강요하려는 정신과 폭력 사이에서 태어난 사생아 '광신'은 인간 공동체를 적과 친구로, 지지자와 반대자로, 영웅과 범죄자로, 독실한 신앙인과 이교도로 나눈다. 광신은 단지 자신이 세운 체제와 자신의 진실만을 인정하려 하기 때문에 신의 뜻에 따른 다양한 다른 현상을 억압하기 위해 폭력에 손을 뻗을 수밖에 없다. 정신과 생각의 자유에 대한 온갖 폭력과 제약, 종교재판과 검열, 화형장과 단두대를 이 세상에 들여놓은 것은 예전부터 존재하던 어리석은 폭력이 아니라 편협함의 수호신이자 대대로 내려오는 보편성의 적, 언제나 온 세상을 자기 감옥에 가두려는 유일 이념에 사로잡힌 맹목적인 광신이다.

그러므로 '인류의 보편성'을 인류의 가장 지고하고 성스러운 재산이라 여기는 인문주의자 에라스무스가 생각하기에 정신적 인간이 편협한 이데올로기를 가지고 상존하는 군중의 폭력 의지에 결정적인 구실을 마련해 준다면, 그는 그보다 더 무거운 책임을 면할 길이 없는 것이다. 이는 정신적 인간이 갖는 근본 사상을 거칠게 뛰어넘어 그의 순수한 의도를 파괴하는 근원적 힘을 자극하기 때문이다. 개인은 군중을 격정 속에 몰아넣을 수 있으나 고삐 풀린 격정을 다시 수습할 능력은 없다. 사그라드는 불꽃에 말을 불어넣는 사람은 자기로 인해 그 불꽃이 난폭한 불 길로 솟아오를 수 있다는 사실을 알아야 한다. 존재, 사상, 그리 고 신앙의 체계를 두고 어떤 한 가지만이 가치 있다고 설명하면 서 광신을 자극하는 사람은 자기가 세계 분열을 일으키고 다른 모든 사고 형식과 삶의 형식에 반대하는 정신적인 전쟁 또는 실 제 전쟁을 불러일으킨다는 사실에 책임감을 느껴야 한다. 사상 에 대한 모든 압제는 정신의 자유와 인류에 대한 선전포고이다.

그러니 에라스무스처럼 모든 이념의 통합, 범인류의 조화를 추구하는 사람은, 바로 그 이유 때문에 모든 형태의 편협한 사 고와 이해를 거부하는 맹목적 태도를 자기 사상에 대한 공격으 로 간주해야 한다. 에라스무스의 뜻에 따르면 인문주의 교육을 받은 사람, 인간애를 생각하는 사람은 어떠한 이데올로기와도 결탁하지 말아야 한다. 모든 이념은 그만의 주장에 따라 헤게 모니 싸움을 벌이기 때문이다. 그는 어떠한 파벌에도 가담해서 는 안 된다. 파벌에 가담한 사람은 편파적으로 보고 듣고 생각 하기 때문이다. 그는 또한 어떠한 유혹을 받더라도 자기 사고 와 행동의 자유를 지켜야 한다. 전 인류가 공동으로 가장 높은 이상으로 삼아야 할 유일한 이념, 공정성은 자유 없이는 불가 능하기 때문이다.

따라서 에라스무스식으로 사고한다는 것은 어디에도 얽매이 지 않고 사고한다는 뜻이며, 에라스무스식으로 활동한다는 것은 이해하고 타협한다는 것을 뜻한다. 에라스무스식으로 사는 사람, 인류를 믿는 사람이 자신의 생활에서 장려할 것은 분리가 아니라 결합이다. 그들은 편협함 속에 사는 자나 증오와 적의를 품고 사는 자에게 힘을 주어서는 안 되며, 이해하는 태도를 널리 보급하고 타협하는 태도에 길을 열어 주어야 한다. 시대가 파벌 속에서 광기에 휩싸일수록 모든 오류와 혼란 속에서도 파벌을 초월해 인간 공동의 것에 눈을 돌리는 태도를 단호하게 지켜 내야 한다. 그들은 이 땅에서 정신의 자유와 공정함을 가진 청렴결백한 변호사가 되어야 한다.

에라스무스는 모든 이념의 권리를 인정하면서도 자기만이 옳다는 주장과 이념은 그 어떤 것도 인정하지 않는다. 우매함마저 이해하고 찬양했던 그는 어떤 이론이나 명제에 처음부터 적의를 품고 맞서지 않는다. 그것들이 다른 이론이나 명제를 억지로 누르려고 하는 순간에만 그 모두에 저항한다. 아는 것 많은 이 지혜로운 인문주의자는 다양성 때문에 세상을 사랑한다. 세상의 다양한 대립 상황에 그는 놀라지 않는다. 그가 가장 멀리하는 것은 억지로 공통점을 찾아내 모든 가치를 일치시키거나, 모든 꽃을 형태와 색깔로 나누려는 분류학자나 광신자의 방식으로 세상의 여러 대립 상황을 종식시키려는 태도이다. 바로 이것이 대립을 적대관계로 여기지 않고, 겉으로 보아 결합할 수 없는 모든 것을 보다 포괄적인 상위에서 조화하고 인류의 화합을 추구하는 인문주의 정신이다.

에라스무스는 그리스도교와 고대 철학, 자유 연구 사상과 신학, 르네상스와 종교개혁같이 일반적으로는 적의를 품고 대립하는 요소들을 자기 내면에서 화해시킬 줄 알았기 때문에, 언젠가는 전 인류가 현실 속 다양한 현상을 행복한 합주로 변화시키고, 인류의 여러 모순을 더 높은 차원에서 화합할 수 있다고 믿었다. 그리고 마침내 세계의 궁극적인 소통, 유럽의 소통, 정신의 소통은 냉정하고 합리적인 인문주의의 유일한 믿음의 요소, 즉 인문주의 신앙을 만들어 낸다. 그리고 그는 그 어두운 시대의 다른 이들이 품은 것과 같은 열정으로 세계의 신앙에 자신이 품은 인류에 대한 믿음을 알린다. 편협성에 몸을 맡기는 대신 결속과 화합을 통해 인간을 더 사랑하고, 더 인간적이 되는 것이 우리에게 필요한 정신이고, 세계의 목표이며 미래라는 것이다.

이러한 인류애 교육을 위해 인문주의가 알고 있는 길은 단 하나뿐이다. 그것은 참된 인간을 형성하는 교육의 길이다. 에라스무스와 그의 뒤를 이은 에라스무스주의자들은 인격 도야가 되지 않은 사람, 교육을 받지 못한 사람은 아무런 생각 없이 자기 정열에 헌신한다고 여겼다. 그리고 교육과 책을 통해서만 내면의 인간성이 고양될 수 있다고 생각한다. 교육받은 인간, 문명화된 인간, 즉 난폭한 폭력을 쓰지 않는 교양인과 문화인, 문명인이 우위를 점하면—여기에 그들의 비극적인 잘못된 결론이 있다—혼란과 야만은 스스로 사라지고 전쟁과 사상 박해는 생명을 다한 시대착오적인 것이 되리라 생각했다. 인문주의자들은 문명화를 과대평가했고, 길들일 수 없는 난폭성을 가진 충동 세계의 근원적 힘을 잘못 이해했으며, 문화 낙관주의에 빠져 군중의 끔찍한 증오와 인류의 격한 광기를 대수롭지 않게 여겼다.

인문주의자들은 세상을 너무도 간단히 바라보았다. 그들은 사람들을 하위층과 상위층, 두 개의 층으로 나누었다. 거칠고 격렬한, 문명화되지 못한 대중이 하위층이고, 교육받은 자, 이해하는 자, 인간을 사랑하는 자, 문명화된 자는 상위층이다. 그래서 그들은 대부분을 차지하는 하위층의 비문화인들을 문화의 상위층으로 끌어올리는 일을 자기들의 주 업무로 생각했다. 위험하고 난폭한 맹수들이 돌아다니던 유럽의 황무지가 점차 경작되어 농경지가 된 것처럼, 인간 역시 무지와 야만을 개간하여 자유롭고 밝고 생산적인 인간성을 창조해야 한다는 것이다. 이렇게 그들은 종교의 자리에 인류의 상승 이념을 가져다 놓는다. 다윈을 통해 하나의 학문 방법이 되었던 진화론은 에라스무스의 뒤를 이은 인문주의자들을 통해 도덕적 이상이 된다. 18세기와 19세기는 이러한 이상을 토대로 하며, 그렇게 에라스무스의 이념은 여러 관점에서 현대 사회 질서의 주 원칙이 되었다.

그렇지만 인문주의를, 더욱이 에라스무스를 민주주의와 자유주의의 선구로 보는 건 잘못이다. 에라스무스와 그를 추종하는 사람들은 민중들, 교육받지 못한 사람과 미성년자에게 최소의 권리라도 부여해 줄 생각은 한순간도 하지 않는다. 더욱이 그들은 추상적으로라도 전 인류를 사랑하고 있음에도 '비속한 평민vulgus profanum'과 교류하는 것을 상당히 경계한다. 조금 더 자세히 들여다보면 그들에겐 예전의 귀족이 갖고 있던 낡은 거만함 대신 새로운 거만함이 자리하고 있다. 이는 향후 삼백 년 동안 계속되는 것으로, 옳고 그름, 도덕과 비도덕에 대한 판단을 단지 라틴어를 하는 사람에게만, 대학의 학자에게만 요청하는 고루한 오만함이다. 인문주의자들이 이성의 이름으로 세상을 지배하는 것은 영주가 권위의 이름으로 세상을 다스리는 것만큼, 교회가 그리스도의 이름으로 세상을 지배하는 것만큼 단호하다. 그들은 교육받은 귀족이 다스리는 과두 정치를 목표로 한다. 가장 우수한 사람, 최고의 문화인, 최고의 인간만이 폴리스와 국가의 지도자 역할을 수행한 고대 그리스처럼. 그들은 탁월한 지식과 더 밝고 인간다운 시야를 근거로 자기들만이 중재자와 지도자로서 어리석고 뒤처진 것으로 보이는 여러 나라의 분쟁에 개입할 수 있는 천부적 적임자라고 생각한다. 이들은 민중의 도움으로 상황을 개선하고자 노력하는 것이 아니라 대중 위에 서서 그 일을 해치워 버리고자 한다.

따라서 인문주의자들은 근본적으로 기사 문화를 거부하지

않고, 이를 정신의 형태로 표현한다. 그들은 칼로 세상을 정복하려는 사람들처럼 펜으로 세상을 정복하고자 하며, '야만인'들로부터 자신을 분리하기 위해 자기들 고유의 관습인 일종의 궁정 의식을 만들어 낸다. 그들은 자신이 평범한 민중 태생임을 감추기 위해 이름을 라틴어나 그리스어로 바꾸어 고상하게 만든다. 예를 들면 슈바르츠에르트 대신 멜란히톤으로, 가이스휘슬러 대신 미코니우스Myconius로, 욀슐레거 대신 올레아리우스Olearius로, 코흐하페 대신 키트레우스Chytraeus로, 그리고 도브닉 대신 코클레우스Cochlaeus로 부르는 식이다.* 또한 그들은 다른 시민과는 겉모습부터 거리가 있다는 것을 나타내기 위해서 특별히 신경 쓴 주름이 물결치는 듯한 검은 옷을 입는다. 아마도 그들에게 모국어로 책이나 편지를 쓰라 하면 굴욕으로 여길 것이다. 그것은 마치 말을 타고 앞에서 지휘하는 대신 보병들과 함께 보급대에 섞여 행군하라는 부당한 요구에 기사가 격분하는 것과 같다.

그들 개개인은 자기들의 공동 문화에 대한 이상을 갖고 교류와 교제를 할 때도 특별히 고상한 태도를 보여야 할 의무가

---

* 슈바르츠에르트Schwarzerd는 '검은 흙', 가이스휘슬러Geisshusler는 '염소 우리에 사는 사람', 욀슐레거Oelschlager는 '기름 짜는 사람', 코흐하페Kochhafe는 '요리 냄비'라는 뜻이고 도브닉Dobnick은 매우 흔한 이름이었다.

있는 것으로 느낀다. 그들은 과격한 언어를 피하고 난폭과 야만의 시대에 사교가다운 정중함을 의무로 삼는다. 정신의 귀족주의자들은 말과 글로, 언어와 행동으로 생각과 표현의 고상함을 얻기 위해 노력한다. 막시밀리안 황제와 함께 무덤으로 들어간 기사도의 마지막 광채는 십자가 대신 책을 상징으로 삼은 정신의 교단敎團에 여전히 남아 있다. 이 고상한 이상주의 무리는 귀족 기사들이 포탄을 쏘아 대는 대포의 난폭한 힘에 굴복하듯 루터와 츠빙글리가 주도한 민중 혁명의 둔중하고 강한 공격에 아름답게, 그러나 힘없이 무너질 것이다. 애초에 민중을 무시하는 태도, 현실에 대해 무관심한 태도가 에라스무스의 제국에 내제했고 그의 이념에 직접 작용하는 힘이었기 때문이다.

인문주의의 근본적인 결함은 민중을 이해하고 그들로부터 배우려 하지 않고 위에서 그들을 가르치려 했다는 데 있다. 이 고루한 이상주의자들은 자기들의 영역이 상당히 확장되었다고 생각했다. 지금까지 야만적이었던 지역에서 '교육'과 '웅변'의 발전을 자랑스럽게 보고하는 하인이 있었고, 모든 나라와 궁정, 대학, 수도원, 교회에 사신과 보좌관을 두고 있었기 때문에 자기들이 통치하고 있다고 믿었다. 그러나 속을 깊이 들여다보면 그 영역은 단지 얇은 상부층만 포함할 뿐이었고 현실과의 관계는 상당히 약했다.

에라스무스 역시 별반 다르지 않았다. 폴란드와 보헤미아에서, 헝가리와 포르투갈에서 연일 감동적인 소식을 담은 편지가 전해져 오고, 전 세계의 군주, 왕, 황제와 교황 들이 그의 은혜를 구하는 편지를 보내오면, 에라스무스는 자기 연구실에 앉아서 이성의 제국이 기반을 구축하고 있다는 환상에 잠길 수 있었다. 그러나 그는 라틴어 편지에서 수백만 군중의 거대한 침묵과 잴 수 없는 저 깊은 곳으로부터 점점 더 격렬하게 울려 나오는 불만의 소리를 들을 수는 없었다. 인문주의에 민중은 존재하지 않았기 때문에, 그리고 인문주의는 민중을 천하게 여기고 대중에게 호의를 구하는 것과 교육받지 못한 사람들, 즉 '야만인'과 관계를 맺는다는 것을 교양인으로서 체면이 깎이는 일로 여겼기 때문이다. 그렇기에 인문주의는 항상 얼마 안 되는 행복한 몇 사람만을 위해 존재했을 뿐 결코 민중을 위한 것이 아니었다. 단지 잠시 동안만 온 세상을 비추었던, 높은 위치에서 은총을 내리는 태도로 어두워진 세상을 굽어보면서 창조 정신의 순수한 모습을 경이롭게 바라보았던 인문주의의 플라톤적 인류 제국은 결국 구름의 제국으로 남아야 했다. 이 차갑고 인위적인 형상은 현실의 폭풍을 견뎌 내지 못할 것이며—인문주의는 이미 어둠 속에 몸을 웅크리고 있다—싸워 보지도 못하고 허무의 소유가 되어 버릴 것이다.

바로 이것이 인문주의의 가장 큰 비극이었고, 그 빠른 몰락의 이

유였다. 인문주의의 이념은 위대했지만 그것을 알리는 사람들은 그렇지 못했다. 방에만 틀어박혀 있는 이 이상주의자들에겐 학자연하는 고루한 개혁주의자들이 늘 그러하듯 조롱할 거리가 조금씩 붙어 있다. 그들은 자기 라틴어 이름을 마치 정신의 가면처럼 쓰고 다니는, 고상하고 품위 있는 체하는, 그리고 약간은 허황된 옹졸한 현학자들이다. 소학교 선생과 같은 소심한 근성이 그들의 화려한 생각에 먼지를 뒤집어씌운다. 이렇게 보잘것없는 에라스무스의 동료들은 자기들이 교수로서 갖는 순수성에 스스로 감동하고 있어서, 오늘날 박애주의 단체나 세계를 개선하려는 여러 단체에 모이는 착한 사람들과 약간 비슷한 면이 있다. 이들은 세상이 진보한다고 믿는 이론적 이상주의자들이며, 현실 세계에서는 전쟁이 꼬리를 물고 일어나고 있는데도 책상에만 앉아서 도덕 세계를 구상하고 영원한 평화의 명제를 기록하는 몽상가들이다. 자기들의 이념에 스스로 감격하여 박수를 보내는 그들은, 협정을 체결하는 동시에 다른 한편으론 공격을 개시해 세상에 불을 지르는 교황과 황제, 군주 들과 별반 다르지 않은 사람들이다.

이 인문주의 일족은 키케로의 새로운 필사 원고가 발견되기라도 하면 온 우주가 환호의 둔주곡을 울려야 한다고 믿는다. 그리고 모든 화염과 열정을 하찮게 여긴다. 그러나 그들은 무엇이 골목의 사람들을 움직이게 하는지, 대중의 깊은 곳에 무엇이 존재하는지 알지 못하며, 알려 하지도 않는다. 그리고 자기 방에만 갇혀 있는 탓에 그들의 고상한 말은 현실의 공감을 얻지 못한다. 이러한 숙명적인 격리 상태, 정열과 민중성의 부족으로 인하여 인문주의는 그 생산적 이념을 생산적으로 만드는 데 실패했다. 그들의 가르침의 기저에 깔려 있던 대단한 낙관주의는 창조적으로 성장할 수 없었고 발전할 수도 없었다. 전 인류적 사상을 가진 이 이론적 교육자들 가운데 민중에게까지 가닿을 수 있는 굳건한 언어 능력을 부여받은 사람이 아무도 없었기 때문이다. 아무리 위대하고 성스러운 사상일지라도 한두 세기 지나면 시들어 버리기 마련이다.

그러나 인류 신뢰라는 성운이 온화하고 평화로운 빛으로 유럽 땅을 비추었던 그 시기, 세계시간은 진정 아름다웠다. 정신의 표식 속에서 여러 민족이 화합하고 있다는 그들의 환상이 너무 성급한 것이었다 하더라도 우리는 그들에게 존경과 감사의 마음을 보여야 한다. 그리고 세상에는, 역사란 무감각하고 단조로운 자기 반복일 따름이며 무의미하게 겉옷만 바꿔 입고 자기 모습을 변화시키는 놀이에 불과하다는 생각을 거부하는 사람들이 필요했다. 역사는 도덕의 발전을 의미하며 보이지 않는 사다리를 타고 야만에서 신성으로, 야만의 폭력에서 질서의 현명한 정신으로 올라가고 있다고 믿는 사람들, 완전한 화합의 마지막 단계, 최정상의 단계가 이미 가까이 와 있다고 믿는 사람들이 필요했던 것이다.

르네상스와 인문주의는 이러한 낙관주의의 순간을 창조해냈다. 그렇기에 우리는 그 시대를 사랑하며 그 시대가 지닌 환상을 존경한다. 당시 유럽에서는 이전의 모든 시대를 능가하는, 그리스와 로마보다 더 숭고하고 더 많은 것을 알며 더 현명한 인류를 형성할 수 있다는 자기 신뢰가 처음으로 생겨난 것이다. 그리고 그때의 현실은 이 낙관주의의 예고자들이 옳다고 인정하는 듯 보인다. 그 당시 이전 시대의 모든 것을 능가하는 훌륭한 일들이 일어나지 않았는가? 뒤러와 레오나르도에게서 새로운 제우크시스Zeuxis와 아펠레스Apelles가, 미켈란젤로에게서 새로운 피디아스Phidias가 부활하지 않았는가?* 과학은 별자리들을 정리해 명확하고 새로운 법칙에 따라 이 세상에 질서를 만들어 주지 않았는가? 여러 새로운 나라에서 흘러드는 돈으로 엄청난 부가 발생하고, 그 부로부터 새로운 예술이 창조되지 않았는가? 그리고 이제 문명을 낳는 창조의 글을 수천 배 전파하는 구텐베르크의 마술이 성공하지 않았던가?

에라스무스와 그의 추종자들은 환호한다. 이렇게 자기 고유의 힘을 배우고, 그 힘을 풍요롭게 선사받은 인류는 장차 더욱 형제처럼 살아야 하며, 도덕적으로 행동하고 야만적 천성의 잔존물을 결국에는 뿌리 뽑아야 한다는 그들의 도덕을 받아들여

• 　제우크시스, 아펠레스, 피디아스 모두 기원전 활동한 고대 그리스의 예술가다.

야 한다. "사는 것이 즐거움이다"라는 울리히 폰 후텐의 말이 트럼펫 소리처럼 세상에 울려 온다. 에라스무스 제국의 지붕 위에서 새로운 유럽의 시민들은 기나긴 정신의 밤이 지난 후 마침내 세계 평화의 날을 예고하듯 떠오를 미래의 지평선의 반짝이는 빛을 초조하게, 그러나 믿음 가득한 마음으로 바라보고 있다.

그러나 어두운 땅 위에 천천히 떠오른 것은 성스러운 여명이 아니다. 그것은 그들의 이상 세계를 파괴할 불덩이다. 게르만족이 그 멋진 로마에 침입했듯이, 그렇게 광신적 행동의 인간 루터가 국가 민중 운동의 저항할 수 없는 힘으로 그들의 초국가적이고 이상주의적인 꿈에 침입한다. 그리고 인문주의가 세계 융화의 작업을 시작하기도 전에 종교개혁은 유럽의 정신적 합일을 나타내는 마지막 존재, 보편교회*ecclesia universalis*를 쇠망치로 산산이 부숴 버린다.

위대한 경쟁자

"나는 다시 꽃피고 있는 학문을 장려하기 위해
내가 할 수 있는 한 중립의 자세를 지킬 것입니다.
나는 격한 간섭보다는 현명한 자제의 자세를 통해
더 많은 것이 이루어진다고 생각합니다."

운명과 죽음 같은 결정적인 힘이 아무런 경고도 없이 인간에게
다가서는 일은 드물다. 그것들은 매번 얼굴을 감춘 사자使者를 조
용히 보내지만, 그를 맞은 사람들 거의 대부분은 비밀 가득한 그
의 말을 흘려듣는다.

그 당시 에라스무스의 책상에 가득 쌓인 수많은 공감과 존
경의 편지 중에는 작센 선제후의 비서 스팔라틴Georg Spalatin•이
보낸 1516년 12월 11일 자 편지도 끼어 있다. 스팔라틴은 놀랄
정도로 멋진 표현과 교양 있는 말로 여러 일을 전하는 가운데
자기가 사는 도시의 어느 젊은 아우구스티누스회 수도사가 에
라스무스를 가장 숭고한 인물로 존경하고 있지만 원죄 문제를

•   루터파의 신학자. 종교개혁을 추진했던 작센의 선제후 프리드리히 3세를 가르
    쳤다. 루터와 프리드리히 3세 사이의 중간 인물로 종교개혁을 위해 적극적으
    로 활동했다.

두고 그와 다른 생각을 하고 있다고 알린다. 그 수도사는 인간이 의롭게 행동함으로써 의롭게 된다는 아리스토텔레스의 견해에 동의하지 않으며, 인간이 의롭게 되어야 의를 행할 수 있다고 생각한다는 것이다.

"인격이 먼저 변화해야만 합니다. 그런 연후에 행동이 뒤따르는 것입니다."

이 편지는 세계사의 결정적인 대목 가운데 하나다. 마르틴 루터 박사—앞서 말한 알려지지 않은 무명의 젊은 아우구스티누스회 수도사가 바로 그다—가 처음으로 위대한 대가에게 말을 건 것이고, 편지 속 그의 이론異論이 훗날 종교개혁의 위대한 이 두 기사가 적으로 마주 서게 될 중심 문제를 내포하고 있기 때문이다. 물론 당시 에라스무스는 그 편지를 그저 건성으로 읽는다. 너무도 할 일이 많은, 온 세상에서 부름을 받는 사람에게 작센 어딘가에 살고 있는 이름도 없는 하찮은 수도사와 신학에 관해 진지하게 토론할 시간이 어디 있겠는가? 그는 바로 그 순간 자기 인생과 세계에 하나의 전환이 시작되었다는 사실을 눈치채지 못한 채 그냥 지나쳐 버린다.

지금까지 에라스무스는 혼자였다. 그는 유럽의 주인이었고 새로운 복음 교리의 대가였다. 그러나 이제 대단한 상대가 등장한 것이다. 이 상대는 그의 집과 그의 마음을 손가락으로 조용히, 거의 들리지도 않게 두드렸다. 이제 곧 세상이 에라스무스의 후계자, 에라스무스의 정복자라 부르게 될 이, 그 이름을 아직은 갖지 못한 사람, 바로 마르틴 루터의 등장이다.

정신세계에서 이루어진 루터와 에라스무스의 이 첫 번째 만남은 그들의 일생 동안 한 번도 현실 공간에서의 만남으로 이어지지 않는다. 셀 수 없이 많은 책에서 함께 언급되고, 여러 그림에도 함께 등장하며 로마의 굴레에서 해방시켜 주는 자로, 최초의 신실한 독일 복음주의자로 나란히 칭송받는 두 사람은, 처음부터 마지막 순간까지 본능적으로 서로를 회피했다. 이로써 역사는 우리에게서 커다란 극적 효과를 앗아가 버렸다. 이 위대한 두 상대가 이마에 이마를 맞대고, 눈에 눈을 맞대는 모습을 관찰할 기회를 놓쳐 버렸으니 말이다! 세상의 어느 운명을 찾아보더라도 에라스무스와 루터처럼 성격적으로, 육체적으로 완벽한 대비를 이루는 두 사람은 극히 드물다. 살과 피, 규범과 형식, 정신 자세와 생활 태도, 겉으로 드러나는 육체에서부터 가장 안쪽의 신경에 이르기까지 그들은 말하자면 서로 다른 성격의 인종, 적으로 태어난 인종에 속한다. 온건 대 광신, 이성 대 격정, 문화의 힘 대 원초의 힘, 세계시민 대 민족주의, 진화 대 혁명, 이것이 그들이 보여 주는 대비이다.

이러한 대비는 육체에서부터 나타난다. 광부의 아들이며 농부의 후손이었던 루터는 건강했다. 너무나도 건강했다. 그는 주체할 수 없는 힘으로, 활기차게, 생명력에 대한 난폭한 흥미를 가지고 전율하며 위험할 정도로 맹렬하게 달려든다. 그는 말한다.

"나는 보헤미아인처럼 처먹고, 독일인처럼 퍼마신다."

그의 과도한 천성에는 팽팽하고 넘쳐흐르며 터질 듯한 생명력과 한 민족 전체의 야성이 한데 모여 있다. 그가 목소리를 높일 때면 그의 언어 안에 있는 오르간 전체가 울린다. 모든 말이 마치 투박하게 소금을 쳐 노릇노릇 갓 구워 낸 농가의 빵처럼 맛있다. 우리는 그의 말에서 자연의 모든 요소, 냄새도 나고 샘도 있고 더러운 물도 흐르는 기름진 땅을 느낀다. 불을 토해 내는 듯한 그의 말은 마치 강력한 뇌우처럼 거칠고 난폭하게 독일 땅에 휘몰아친다. 루터의 천재성은 지성이 아닌 격렬하고 풍부한 감성에 있다. 그는 민중의 언어로 말하고, 생각도 무의식적으로 대중 편에서 하며, 정점에 오른 격정의 힘으로 대중이 원하는 것을 표현한다. 그의 개성은 말하자면 모든 독일적인 것의 발현, 항거하고 발란을 일으키는 모든 독일적 본능이다. 국가가 그의 이념에 동의하고, 동시에 그는 국가의 역사에 몰두한다. 그는 자신의 격렬한 근원의 힘을 주위 환경에 되돌려 준다.

거친 살과 강건한 뼈, 생명력 가득한 피로 빚어진 흙덩이 같은 인간 루터, 미켈란젤로의 모세 조각상의 뿔을 연상시키는, 의지의 돌기가 이마에 튀어나온 이 피의 인간을 지나 정신의 인간인 에라스무스에게 시선을 돌려 보자. 양피지처럼 바랜 색의 섬세한 피부를 지닌, 부서질 듯 연약하고 조심스러운 사람 에라스무스. 이성적인 부분을 살피기에 앞서 단지 육체적인 면모만 관찰하더라도 이 둘 사이에는 우호 관계나 상호 이해가 불가능하리란 것을 알게 된다. 루터가 과도할 정도로 넘쳐 나는 건강을 소유한 것과 달리, 에라스무스는 늘 어두운 자기 방에서 추위에 떨면서 두꺼운 모피로 몸을 감싼 채 허약한 건강 상태에 시달린다. 루터가 너무도 많이 가진 모든 것이 에라스무스에게는 너무도 모자란다. 루터가 매일 저녁 숙면을 위해 뜨겁고 붉게 부풀어 오른 자기 핏줄을 가라앉힐 진한 비텐베르크 맥주를 필요로 하는 반면, 연약한 천성의 에라스무스는 맑고 창백한 피를 진한 부르고뉴 포도주로 데워야 한다. 이렇게 사소한 부분에도 뚜렷한 대비를 보인다.

루터가 이야기할 때면 집이 울리고 교회가 진동하며 세상이 흔들린다. 그는 친구들과 섞여 식탁에서 큰 소리로 호탕하게 웃고 음악을 좋아하는 신학자들 옆에서 남자답게 카랑카랑 울리는 목소리로 노래하는 걸 즐긴다. 반면에 에라스무스는 속병을 앓는 사람처럼 약하고 부드럽게 말한다. 그는 문장을 예술적으로 다듬고 손질하여 예리한 핵심에 이르도록 만든다. 반대로 루터는 말을 폭풍처럼 쏟아 내고, 그의 펜 또한 마치 눈먼 말처럼 앞으로 질주한다. 루터에게서는 주변의 분위기를 장악하는 힘이 나온다. 그는 자신의 지배적이고 남성적인 기질을 이용해 자기 주변에 있는 모든 사람들, 멜란히톤과 스팔라틴, 그리고 많은 군주들을 일종의 편리한 예속 관계에 붙잡아 둔다. 이와 반대로 에라스무스의 힘은 그가 보이지 않는 곳에서, 즉 저서와 편지, 그리고 글로 쓰인 언어 속에서 가장 강하게 나타난다.

이 두 사람의 정신성은 완전히 다른 종류의 사상 세계에서 발원한다. 에라스무스는 의심의 여지 없이 폭넓은 시야를 가진 사람이고 박학다식한 사람이다. 삶의 어떠한 것도 그에겐 낯선 것이 아니다. 그의 보편적인 오성은 마치 햇빛처럼 수많은 비밀의 틈새와 이음새 사이로 색깔 없이 투명하게 밀려들어 모든 대상을 밝게 비춘다. 반면 루터는 에라스무스보다 폭은 좁지만 깊이 면에서는 그를 능가한다. 루터의 세계는 에라스무스의 세계보다 좁다. 비교할 수 없을 정도로 훨씬 더 좁다. 그러나 그는 자기의 모든 사상에, 자신의 모든 주장에 활기를 불어넣을 줄 안다. 그는 모든 것을 안으로 끌어들여 붉은 피로 뜨겁게 가열한다. 모든 이념을 자신의 활기찬 힘으로 채우고, 모든 것을 열광 속으로 몰아넣는다. 그리고 자기가 인식하고 고백한 것은 언제나 옳은 것이다. 모든 주장은 그의 기질과 하나가 되어 그로부터 엄청난 역동적 힘을 얻는다.

루터와 에라스무스는 동일한 생각을 수십 차례 피력했다. 그러나 같은 생각일지라도 에라스무스가 말하면 정신적인 사람들에게 섬세하고 영적인 매력을 주던 것이, 루터가 말하면 그의 열정적인 방법 덕분에 즉시 구호와 함성이 되고 형태를 갖춘 요구가 된다. 루터는 성경 속 인물 삼손이 여우들의 꼬리에 불을 붙여 들판을 태운 것처럼 자신의 주장과 요구를 세상 속으로 격렬하게 몰아간다. 그렇게 그의 요구들은 온 인류의 양심을 흥분시킨다. 에라스무스적인 것은 정신의 평온과 평화를 목표로 하고, 루터적인 것은 고도의 긴장과 감정의 동요를 목표로 한다. 그렇기 때문에 회의론자*Skeptikus* 에라스무스는 분명하고 객관적으로 명확하게 말할 때 가장 강한 반면, 열광의 아버지*Pater exstaticus* 루터는 격앙과 증오가 입술에서 격하게 튀어나올 때 가장 강하다.

이러한 대립은 동일한 목표에도 불구하고 적대 관계라는 결과를 낳을 수밖에 없다. 루터와 에라스무스는 애초에 같은 것을 원했으나 그들의 기질은 그것을 완전히 상반된 방법으로 요구한다. 그리고 그것은 각자 상대의 본질에 모순이 되고 만다. 먼저 적대감을 표출한 것은 루터였다. 이 땅에 묻힌 모든 천재 중에서 루터는 아마 가장 광적인 사람, 가장 고집 센 사람, 가장 다루기 어려운 사람, 그리고 가장 호전적인 사람일 것이다. 그는 자신이 이용할 수 있는, 본인의 말에 '예'라고 하는 사람만을 필요로 했다. '아니요'라고 말하는 사람은 화풀이 대상으로, 꺾어 버릴 대상으로만 보았다. 에라스무스에겐 광신을 멀리하는 것이 종교와 같았으나 독재자와 같이 강력한 루터의 어투는—에라스무스가 무엇을 말하든지 상관하지 않고—마치 악한 칼처럼 그의 영혼을 베어 버렸다. 에라스무스에게, 정신의 천성을 가진 사람들 간의 세계시민적 화합을 최상의 목표로 삼았던 그에게 입에 거품을 물고 쏟아 내는 루터의 이러한 연설은 주먹질과도 같았고 육체적으로도 참기 어려운 것이었다. 또한 그가 보기에 루터의 자신감 (루터는 이를 자기에게 부여된 '신의 자신감'이라 불렀다)은 오류와 망상에 사로잡힌 신성모독적인 불손함으로 보였다.

루터 역시 에라스무스의 온건함, 신앙 문제를 두고 결단을 내리지 못하는 그의 성격을 당연히 미워할 수밖에 없었다. 결정을 내리지 않으려는 그의 성격, 원만함, 부드러움, 결코 한쪽으로만 확정하지 않는 매끄러운 설득, 그러면서도 미학적으로 완벽한, 분명하게 자기 속마음을 밝히는 대신 인위적으로 꾸며 말하는 화법, 이러한 것들이 루터의 화를 돋우었다. 에라스무스의 가장 내면에 있는 본질이 루터를 근본적으로 자극했고, 루터의 가장 근본적인 기질이 에라스무스를 본질적으로 자극할 수밖에 없었다. 그렇기에 새로운 복음주의 교리의 첫 번째 사도인 이 두 사람, 루터와 에라스무스가 서로 협력하여 공동 작업을 하지 않은 것이 단지 우연 때문이라는 생각은 어리석은 것이다.

그들이 가지고 있던 유사점은 그들의 피와 정신이 너무도 다른 염료를 가지고 있어서 색깔을 달리할 수밖에 없었다. 그것은 기질의 차이였다. 생각의 상위 세계에서부터 본능의 그물 내부까지, 사고의 의지가 의식적으로 제어할 수 없는 깊은 곳까지 모두 달랐다. 그렇기 때문에 그들이 꽤 오랫동안 서로를 보호했고, 마치 한 나무에서 뻗은 두 가지처럼 한동안 같은 물길을 나란히 헤엄쳤다 하더라도, 결국 그들은 물길이 갈라지고 갈 길을 달리하는 곳에서 운명적으로 서로를 내동댕이칠 수밖에 없었다. 이 세계사적인 갈등은 피할 수 없는 것이었다.

싸움의 승리자는 애초에 루터일 수밖에 없었다. 그가 더 강력한 정신의 소유자라는 단순한 이유에서가 아니라, 그가 더 싸움에 익숙하고 싸움을 즐기는 싸움꾼이었기 때문이다. 루터는 평생 투쟁자의 천성을 지녔고 신과 인간, 그리고 악마와도 맞붙는 타고난 깡패였다. 그에게 싸움은 즐거움이었고, 자기의 힘을 분출하는 형식이었을 뿐만 아니라 넘칠 만큼 가득한 자기의 본성을 유지하는 방법이기도 했다. 논쟁에 끼어들고, 말다툼하고, 욕하고 싸우는 것은 그에게 일종의 방혈放血과 같다. 그는 참지 않고 두들겨 패야 비로소 자신의 인간적 한계를 감지하고 살아 있음을 느낀다. 그렇기 때문에 그는 정당한 일이건 아니건 가리지 않고 모든 일에 뛰어든다. 그의 친구 부처Martin Bucer는 이렇게 쓰고 있다.

"나는 부글부글 끓고 있는 분노를 생각만 하고 있는데, 그 친구는 즉시 상대방과 해결을 봐야 한다. 그것은 끔찍할 정도로 나를 떨게 만들었다."

루터가 마치 신들린 사람처럼 싸운다는 것은 부정할 수 없다. 그는 언제나 온몸으로, 불타오르는 분노로, 눈에는 핏발이 서고 입에는 거품을 문 채로 싸운다. 그것은 마치 '튜턴족의 분노furor teutonicus'로, 뜨거운 독을 몸에서 분출시키는 것만 같다. 그는 물불 가리지 않고 때려 부수고, 화를 푼 다음에야 비로소 마음이 가벼워진다. 그 자신도 분노를 표출한 뒤에 '내 모든 피가 원기를 회복하고 머리는 밝아지고 유혹들이 떨어져 나간다'고 이야기할 정도다. 이 고학력의 신학 박사는 싸움터에서는 즉시 보병이 된다.

"내가 가서 몽둥이를 들고 해결하겠다."

광포한 정신, 난폭한 광신이 그를 사로잡는다. 날카로운 불꽃이 튀는 변증법의 칼, 욕설과 비방으로 가득 찬 삼지창을 집어 든 그는 모든 제동 장치를 꺼 버린 채 필요하다면 거짓과 중상까지도 일삼아 상대를 제거한다.

"세상을 개선하기 위해서는, 그리고 교회를 위해서는 선의의 거짓말을 부끄러워할 필요가 없다."

이 투박한 투사에게 기사도란 너무도 낯선 것이다. 이미 패배한 상대에게 고귀한 태도는 물론 동정조차 보이지 않는다. 맹렬한 분노에 가득 찬 그는 무기도 없이 바닥에 쓰러져 있는 자를 계속해서 마구 구타한다. 토마스 뮌처와 농부 수천 명이 처참하게 처형당하자 그는 환호한다.[*] 그리고 밝은 목소리로 "그들의 피가 내 목까지 차올랐다"라며 자랑스러워한다. '돼지 같은' 츠빙글리와 카를슈타트Andreas Karlstadt[**], 그리고 자기에게 저항한 이들의 비참한 최후에 그는 춤출 듯 기뻐한다. 증오로 가득하고 격정으로 뜨거운 이 사람은 적의 죽음에 단 한 번도 명복을 빌지 않았다. 설교단에서는 매혹적인 목소리의 설교자이고, 집에서는 인자한 가장이며, 고급문화를 창조하는 예술가이자 시인인 루터는 파벌 싸움이 시작되면 늑대인간처럼 그 즉시 제어할 수 없는 엄청난 분노에 사로잡힌 사람이 되어 버린다. 난폭한 천성의 그는 일생 동안 싸움을 찾아다닌다. 싸움은 그에게 흥미 가득한 삶의 형식일 뿐만 아니라 도덕적으로도 가장 올바른 것으로 보이기 때문이다. 그는 거울을 들여다보면서 의기양양하게 말한다.

"인간은, 특히 그리스도교인은 투사여야 한다."

- 독일의 신학자이자 혁명가인 뮌처는 처음에는 루터를 지지했으나 후에 그의 적이 되었다. 농민들과 도시 하층민의 대변자였던 그는 루터와 달리 은총과 성서를 신뢰하지 않았고 '인간적 이성'을 통해 신의 계시를 감지할 수 있다고 보았다.
- 독일의 종교 개혁가이자 신학자. 당초 루터에 동조했으나 후에 루터의 극단적인 개혁 이론에 반대하여 그와 결별했다.

그는 1541년, 말년에 쓴 어느 편지에서 하늘에 대고까지 이 같은 고백을 하고 있다. 여기에는 "확실한 것은 신도 싸운다는 사실이다"라는 은밀한 주장이 담겨 있다.

그러나 그리스도교도이자 인문주의자인 에라스무스는 투쟁적인 그리스도, 싸움하는 신을 알지 못한다. 문화 귀족주의자인 그는 증오와 복수욕이란 천함과 야만으로 다시 돌아가는 것이라 생각한다. 모든 혼잡과 난투에 그는 구역질을 느낀다. 싸움에서 즐거움을 느끼는 루터와 달리 온화한 성품을 타고난 에라스무스는 싸움에 전혀 흥미가 없다. 다음의 말은 싸움을 두려워하는 그의 특성을 잘 나타낸다.

"내가 광대한 토지를 얻을 수 있다고 하자. 그런데 그 토지를 얻기 위해 소송을 해야만 한다면, 난 차라리 그 토지를 포기할 것이다."

정신의 인간 에라스무스는 분명 학자들과의 토론을 좋아한다. 그러나 그것은 세련되고 현명하며 융통성 있는 사람이 인문주의 교양인들의 광장에서 고전의 불꽃으로 단련한 기술을 보여 주는 귀족 놀이로서, 기사가 마상 무술 시합을 좋아하는 것과 같다. 약간의 불꽃을 일으키고 몇 번쯤 유연한 속임수 동작으로 공격한 다음 그 형편없는 라틴어 기사를 제압하기, 이 같은 정신의 기사 놀이는 에라스무스에게 전혀 낯설지 않다. 그러나 적을 짓밟아 으깨는 루터의 즐거움을 그는 이해하지 못한다. 수많은 논전論戰을 치르는 중에도 정중한 태도를 도외시한다거나, 루터가 적을 공격할 때 내뿜는 '살인적' 증오에 몸을 맡기는 일은 결코 없다.

에라스무스는 투사로 태어나지 않았다. 싸워서 이루어 내는 설득은 애초에 그의 본성이 아니다. 천성이 객관적인 사람들에겐 확신이 거의 없다. 그들은 자기의 견해조차 의심하며 상대의 논거를 숙고할 준비가 되어 있다. 상대에게 말을 할 수 있도록 허용한다는 것은 그에게 공간을 준다는 뜻이다. 그러니 싸움에서는 아무 말도 듣지 않기 위해 고집의 투구를 귀까지 덮어쓰고 광기를 마치 갑옷처럼 둘러 입은 광란자만이 이길 수 있는 것이다. 도취감에 빠진 수도사 루터에겐 자기에게 항의하는 모든 자가 지옥의 사자이며 없애야 할 그리스도의 적이다. 반면에 인간애를 바탕으로 하는 에라스무스에게 도를 넘어 미쳐 날뛰는 상대는 기껏해야 동정과 함께 연민을 불러일으킬 뿐이다.

츠빙글리는 이 두 라이벌의 반대되는 성격을 비유로 훌륭하게 표현했다. 그는 루터를 아이아스에, 에라스무스를 오디세우스에 비유했다. 용기와 전쟁의 인간 아이아스─루터는 싸움을 위해 태어났고 싸움판 이외의 다른 어느 곳에서도 편안함을 느끼지 못한다. 오디세우스─에라스무스는 우연히 싸움터에 나왔을 뿐이며, 그의 고요한 이타카, 은총 받은 명상의 섬으로 다시 행복하게 귀향한다. 행동 세계에서 빠져나와 정복될 수 없고 동요하지 않으며 플라톤적 이념이 살아 숨 쉬는, 일시적인 승리와 패배는 공허한 것으로 보이는 정신세계로 돌아가는 것이다.

에라스무스는 싸움을 위해 태어나지 않았다. 그 자신도 이 사실을 잘 알고 있었다. 그가 자기 천성의 법규를 위반하고 싸움을 시작한다면 패배할 수밖에 없다. 예술가, 학자가 행동의 인간, 힘의 인간, 시대의 인간이 가는 길을 막아서는 것은 자기 능력의 한계에 부딪히는 일이다. 정신의 인간은 파벌에 가담해서는 안 된다. 그의 영역은 어디에서나 불화보다 상위에 존재하는 공정성이다.

에라스무스는 루터가 맨 처음 부드럽게 문을 두드리는 소리를 흘려들었다. 그러나 이내 귀를 기울이고 그 새로운 이름을 자기 가슴에 새기게 된다. 그 무명의 아우구스티누스회 수도사가 아흔다섯 항목의 반박문을 비텐베르크 교회 정문에 때려 박는 쇠망치 소리가 온 독일 땅에 울리기 때문이다. '마치 천사들이 소식을 전하는 전령이 된 듯' 잉크가 채 마르지도 않은 전단이 손에서 손으로 급히 전해진다. 하룻밤 사이에 마르틴 루터라는 이름은 자유 신학의 뛰어난 개척자로서 에라스무스와 어깨를 나란히 하여 온 독일 민중 사이에 회자된다. 앞으로 민중의 사랑을 한 몸에 받게 될 이 사람은, 천재의 본능으로 독일 민중이 로마 교황청의 압제를 가장 고통스럽게 느끼는 예민한 문제의 핵심을 짚어 낸다. 즉 면죄부 강매 문제를 건드린 것이다.

외세가 부과한 조공만큼이나 한 국가가 참아 내기 어려운 것은 없다. 당시 교회는 그들이 파견한 대리인과 전문적인 면죄부 상인을 이용해 피조물의 원초적 불안을 돈으로 환산했다. 미리 인쇄한 전표를 가지고 독일 농민과 시민 들에게서 쥐어짜 낸 돈이 나라 밖으로 흘러 로마로 향하고 있다는 사실에 대한 국가적 분노가 온 나라에 말없이 쌓여 가고 있었다. 루터는 단호한 행동으로 그 분노에 불을 붙였을 뿐이다. 여기에서 세계사의 결정적인 부분은 악습에 대한 비난 자체가 아니라 그 비난의 형식이라는 점이 분명히 드러난다. 에라스무스와 다른 인문주의자들도 돈을 주고 죄를 면하는 카드, 면죄부에 대해 정죄의 불길로 조롱을 쏟아부은 바 있다. 그러나 조롱과 풍자는 현존하고 있는 여러 힘들을 단지 부정하고 분해할 뿐이다. 조롱과 풍자라는 형식은 새로운 힘을 창조하거나 응집시키지 못한다.

이와 반대로 긴장감 넘치는 자연인, 어쩌면 독일 역사상 진정으로 긴장감 넘치는 유일한 자연인일 루터는 배워 익힐 수 없는 원초의 본능으로 모든 문제를 단호하게, 그리고 모두가 이해할 수 있도록 드러낼 줄 안다. 그는 처음부터 분명한 몸짓과 뚜렷한 목표를 제시하는 언어로 민중을 이끄는 천부적 재능을 소유하고 있다. 그가 반박문에서 간결하고도 분명하게 "교황은 자신이 벌준 것 이외엔 어떠한 죄도 사할 수 없다"라고 말하자, 그것은 마치 번개처럼 온 나라의 양심에 빛을 비추고 천둥처럼 울린다.

그리고 그 말 아래서 페터스돔Petersdom*이 흔들리기 시작한다.

에라스무스와 그의 추종자들이 여러 조롱과 비판으로 정신적인 사람들의 주의를 일깨웠으나 대중의 열광적인 영역에까지는 들어가지 못했던 것과 달리 루터는 단번에 민중의 감정 가장 깊은 곳에 도달한다. 그는 2년 만에 독일의 상징이 되고, 로마에 반대하는 국가적 욕구와 욕망의 사령관이 된다. 모든 저항의 힘이 그에게 응집된 것이다.

에라스무스와 같이 귀가 밝고 호기심 많은 동시대인은 그 즉시 루터의 업적을 분명하게 경험할 수밖에 없다. 에라스무스는 당초 루터의 업적을 보며 즐거워했다. 자유 신학을 위한 싸움에 한 동맹자가 자기편에 들어온 것이기 때문이다. 그래서 우선은 비난의 말을 전혀 하지 않았다. "모든 선한 자는 루터의 솔직함을 사랑한다", "지금까지 루터는 분명히 이 세상에 필요한 존재였다"와 같은 호의적인 어조로 자기의 인문주의 친구들에게 루터의 등장을 이야기한다. 넓은 시야를 가진 이 심리학자는 조심스럽게 견해를 덧붙인다.

"루터는 많은 것을 탁월하게 비판했다."

그러나 여기에 조용한 한숨이 섞여 나온다.

"하지만 그가 조금만 더 신중하게 행동했더라면."

---

* 바티칸에 있는 로마 교황이 상주하는 성 베드로 성당.

세심한 에라스무스는 루터의 과격한 기질이 위험한 것임을 느낀다. 그는 루터에게 그렇게 화급하고 거칠게 나서지 말 것을 경고한다.

"제 생각으로는 격정보다는 겸손을 통해서 더 많은 것을 얻게 됩니다. 그리스도도 그렇게 세상을 정복했지요."

그러니까 에라스무스를 불안하게 만드는 것은 루터의 말 자체나 반박문의 내용이 아니라 루터가 쓰고 행하는 모든 것에 깃든 선동적이고 광신적인 어조, 강연할 때의 억양과 같은 것들이다. 에라스무스가 생각하길, 교양인들 사이에서는 미묘한 신학 문제일수록 조용한 목소리로 논해야 더 훌륭한 논의가 이루어진다. 그리고 학문적인 라틴어를 사용하여 미천한 사람들을 제외시킬 수 있다. 그러나 신학 문제를 가지고 골목에 대고 큰 소리로 떠들면 구두장이나 소상인 들까지 난폭하게 흥분할 수 있다. 민중을 위한, 또는 민중 앞에서의 토론은 인문주의자에게는 수준이 떨어지는 것이며, 필연적으로 혼돈, 혼란, 민중의 흥분이라는 위험을 초래하게 된다.

에라스무스는 진실을 위한 것이라 해도 모든 선전과 선동을 증오한다. 그는 그 자체로 끊임없이 영향을 끼치는 진실의 힘을 믿는다. 그는 일단 말을 통해 세상에 옮겨진 인식은 순수한 정신의 방법으로 성취되어야 하며, 그 인식이 본질을 더 진정성 있게, 더 진실인 것으로 만들기 위한 목적이라 하더라도 대중의 요란한 박수를 이용하거나 파벌을 형성해서는 안 된다고 생각한다. 정신의 인간은 진실을 확인하고 형성하는 일 이외에 다른 어떠한 일도 해서는 안 된다. 그는 자신의 감정을 위해 싸워서도 안 된다. 에라스무스는 거대한 먼지구름과 같은 루터의 언어 폭풍 뒤에서 민중의 흥분이 고조되고 있는 것을 불만스럽게 바라본다. 그 불만은 자기에게 죄를 뒤집어씌우는 자에게 품는 질투심이 아닌 순전히 불안감 때문이다.

"그래도 그가 조금만 더 신중했더라면."

그 무절제한 사람에 대한 에라스무스의 탄식은 거듭 되풀이된다. 그리고 아름다운 문학과 학문, 인간애라는 자기의 지고한 정신 영역이 그 같은 세상의 폭풍을 견뎌 내지 못할 것이라는 예감이 슬그머니 그를 압박한다. 그러나 여전히 에라스무스와 루터 사이에는 한마디의 말도 오가지 않는다. 독일 종교개혁에서 가장 유명한 이 두 사람은 서로에 대해 침묵한다. 그리고 그 침묵은 점차 주목받는다. 신중한 사람 에라스무스에겐 예측할 수 없는 사람과 관계를 맺을 아무런 동인이 없다. 반면 루터는 자기 신념이 자신을 싸움으로 몰아갈수록, 그 회의주의자에 대해서 더욱더 회의감을 품는다. 그는 에라스무스에 대해 "그에겐 인간의 문제가 신의 문제보다 더한 의미를 갖는다"라고 씀으로써 서로 간의 거리를 훌륭하게 표현한다. 루터에게 이 땅에서 가장 중요한 문제는 종교였고, 에라스무스에게는 인간이었다.

마르틴 루터

루카스 크라나흐 작

그러나 이 시기 루터는 혼자가 아니다. 여러 정신적이고 종교적인 주장과 요구로 그는 다양한 속세의 이해관계를 대표하는 사람이 되었고, 독일의 국가적 문제를 해결하는 도구가 되었으며, 교황과 황제, 군주 들이 벌이는 정치라는 장기판에 가장 중요한 말이 되었다. 그러나 이러한 위치는 그가 원한 것이 아니다. 어쩌면 그는 그러한 자신의 상황을 완전히 파악하지도 못했을 것이다. 이제 그의 성공으로 이득을 챙기려는 자들이, 그와 일면식도 없고 그리스도교와는 하등 관계없는 자들이 자기들의 목적을 위해 그를 끌어들이기 시작한다. 여기 이 개인의 주변에 새로 도래할 종교 체제와 파벌의 핵이 조금씩 형성된다. 대중으로 이루어진 거대한 신교 군대가 결성되기 훨씬 이전에 조직을 만드는 데 천재인 독일인들답게 정치, 신학, 법학 참모진이 루터 주위에 이미 모여들고 있었다. 멜란히톤과 스팔라틴을 비롯해 수많은 군주, 귀족, 학자 들이 바로 그들이었다. 낯선 사절들이 이 견고한 남자를 깎아 강력한 제국에 박아 넣을 버팀목으로 만들 수 있을지 호기심에 가득 찬 시선으로 선제후국 작센을 넘겨다본다. 서로 촘촘히 연결된 각국의 정치 외교 사절단은 루터가 순수하게 도덕적으로 숙고한 주장을 이용해 자기들의 그물을 엮는다.

그와 가장 가까운 측근들은 동맹자를 구하러 다닌다. 루터의 『독일 기독교 귀족에게 고함An den christlichen Adel deutscher Nation』이 출간되면 어떤 혼란이 일어날지 잘 알고 있는 멜란히톤은 에라스무스의 권위를 얻어 내야 한다고 거듭 촉구한다. 루터는 결국 1519년 3월 28일, 처음으로 에라스무스에게 청원의 편지를 띄운다.

아첨하는 사람들의 정중함, 중국인의 과장된 자기 비하에 가까운 겸손은 인문주의자들이 쓰는 편지의 특징이다. 그렇기 때문에 루터가 "누구든 자신의 생각이 에라스무스의 사상으로 가득 차지 않은 사람이 어디 있겠습니까? 그에게서 배우지 않은 자 누구이며, 그에게 지배받지 않는 자 어디 있겠습니까?"라며 찬양 조로 편지를 시작하고 자기를 배우지 못한 서투른 어린애로 아무렇게나 묘사하면서 진정 높은 학식을 가지신 분께 어떻게 편지로 청원을 하겠느냐고 해도, 그것은 전혀 특별한 의미를 갖지 않는다. 그리고 그는 면죄부에 대한 자신의 하찮은 소견 때문에 에라스무스가 자기 이름을 알고 있다고 들었다면서, 두 사람 사이에 침묵이 계속되면 그것은 오해를 일으킬 수 있을 거라 이야기한다. 그는 계속해서 이렇게 쓴다.

"자비로운 분이시여, 괜찮으시다면 어두운 한쪽 구석에서 무지로 파묻힌, 같은 하늘 아래, 같은 태양 아래에서 알려질 가치가 없는 이 하찮은 형제를 그리스도 안에서 인정하여 주십시오."

편지는 바로 이 하나의 문장을 위해 쓴 것이다. 편지는 루터가 에라스무스에게 바라는 모든 것을 담고 있다. 루터는 자기에게 공감의 편지를 보내 주기를, 자기의 교리에 우호적인

(저널리즘 식으로 이야기한다면 '이용할 만한') 말을 해 주기를 원한다. 지금 이 순간, 루터는 어둡고 위급한 상황에 처해 있다. 루터는 이 땅의 최고 권력자에 대항하는 전쟁을 시작했고, 로마에는 이미 파문장이 준비되어 있다. 바로 이 전쟁에서 에라스무스를 도덕적 구난자로 얻게 된다는 것은 의미 있는 일이며, 어쩌면 루터가 하는 싸움에 승리를 결정지어 줄지도 모른다. 청렴결백한 그의 이름은 여러모로 유용하기 때문이다. 파벌을 결성하는 사람들에겐 언제나 앞에 내세울 깃발로서 중립을 지키는 사람이 필요한 법이다.

그러나 에라스무스는 어떠한 책임도 맡으려 하지 않으며, 아직 산정할 수도 없는 죄의 보증인이 되려 하지도 않는다. 지금 공개적으로 루터를 인정한다는 것은 그가 앞으로 쓸 모든 책과 글, 그리고 공격을 미리부터 인정한다는 뜻이며, '폭력적이고 선동적인 문체'로 에라스무스 자신의 가장 깊은 영혼을 고통스럽게 건드리는 무절제하고 방자한 그 사람을 인정한다는 뜻이기 때문이다.

그런데 도대체 루터가 하는 일이란 무엇인가? 1519년 그 순간 그것은 어떤 의미이며, 앞으로 무엇이 될 것인가? 한 사람을 위해 파벌에 가담하고 책임을 맡는다는 것, 어디까지 영향을 끼칠지 모르는 요구와 주장을 옹호한다는 것은 자신의 도덕적 자유 일부분을 포기한다는 뜻이다. 에라스무스는 자유로운 자신을 속박하게 놔두지 않는다. 어쩌면 이 늙은 가톨릭 성직자의 예민한 코가 루터의 글에서 희미한 이교도의 냄새를 감지한 건지도 모른다. 쓸데없는 타협은 신중한 에라스무스의 미덕과 힘이 결코 아니다.

무척이나 신중한 에라스무스는 분명한 긍정이나 뚜렷한 부정을 회피한다. 우선 그는 자기가 루터의 글을 정확하게 읽지 않았다고 이야기하며 이리저리 빠져나갈 구멍을 만들어 놓는다. 사실 가톨릭 신부인 에라스무스에겐 상급자의 허락 없이 교회에 적대적인 책을 읽는 것은 금지되어 있었다. 편지 쓰기에 능숙한 에라스무스는 결정적인 언사를 피하기 위해 바로 이 점을 변명의 구실로 사용한다. 그는 '그리스도 안의 형제'에게 감사한다는 말과 함께 루터의 책이 사나운 사람들 사이에 불러일으킨 엄청난 흥분과, 반대자들이 그 책에 대해 얼마나 끔찍하게 달려들지 이야기해 준다. 공감을 슬쩍 돌려 표현한 것이다.

그 어느 것에도 예속되지 않기를 열정적으로 바라는 이 사람은 책임과 동의의 언사를 능란하게 피하고 있다! 그는 루터의 시편 주석을 단지 맛을 보는 정도로 '훑어보았을 뿐' 읽지는 않았다는 점을 분명히 하고, 자기는 그가 정말 크게 쓰일 수 있는 인물이 되기를 '바라고 있다'고 강조한다. 인물에 대한 어떤 판단을 내리는 대신 재차 우회적인 표현으로 자기의 바람을 말하고 있는 것이다. 그리고 루터와 거리를 두기 위해, 루터가 글

167

을 기안하는 데 자기가 참여했다고 하는 확인되지 않은 소문을 어리석고 악의가 있는 것이라 조소한다. 그런 다음 편지를 마치면서 자신의 입장을 분명히 한다. 자기는 불쾌한 싸움에 끼어들 용의가 전혀 없다고 극히 명료하게 설명하는 것이다.

"나는 다시 꽃피고 있는 학문을 장려하기 위해 내가 할 수 있는 한 중립의 자세를 지킬 것입니다. 나는 격한 간섭보다는 현명한 자제의 자세를 통해 더 많은 것이 이루어진다고 생각합니다."

그리고 그는 다시 루터에게 간곡히 절제를 촉구하고, 그리스도께서 날마다 루터에게 자기의 정신을 더욱더 불어넣어 주실 것이라는 경건하고도 간략한 희망의 인사말로 편지를 끝맺는다.

이렇게 에라스무스는 자신의 위치를 분명히 했다. 이는 로이힐린Johannes Reuchlin과의 논쟁에서 보여 준 태도와 같다. 그는 이렇게 말했다.

"나는 로이힐린파가 아니며, 파벌에는 가담하지 않습니다. 나는 그리스도교도이고 그리스도밖에 모릅니다. 로이힐린파나 에라스무스파는 알지 못합니다."

그는 자기가 원하지 않으면 한 발짝도 나가지 않을 정도로 단호하다. 에라스무스는 겁이 많은 사람이다. 하지만 겁이라는 것은 상황을 신중하게 살펴보는 힘을 가지고 있다. 이상하고 급작스러운 이 감각을 통해 때때로 앞으로 일어날 일을 마치 눈앞의 환상을 보듯 예견하기도 한다. 에라스무스는 루터를 구세주라며 환호하는 다른 모든 인문주의자보다 밝은 눈을 가지고 있고 이를 이용해 루터의 공격적이고 막무가내인 행동 양식에서 '혼란'의 전조를 미리 인식한다. 거기에서 그는 종교개혁 대신 혁명을 보며, 그 위험한 길을 결코 가려 하지 않는다.

"내가 나 자신을 루터가 불러올 위험의 동반자로 만든다면, 한 사람 대신 두 사람을 몰락시키는 것 말고 그에게 무슨 도움을 줄 수 있겠는가. 그는 몇 가지 문제를 훌륭하게 이야기했고 멋지게 경고했다. 하지만 내가 바란 건 그가 그 훌륭한 일을 참기 힘든 잘못으로 망치지 말았으면 하는 것이었다. 그가 경건한 양식으로 그 모든 글을 썼더라면, 난 진실을 위해 내 머리를 위험에 빠트릴 필요도 없었을 것이다. 모두가 다 순교자가 될 힘이 있는 건 아니다. 슬프게도 나는 이 혼란 속에서 내가 베드로의 예를 따라가지나 않을지 두려워해야 한다. 교황과 군주들이 옳다면, 나는 그들의 명령을 따른다. 그리고 악법이라 하더라도 그들의 법을 따른다. 그것이 더 안전하기 때문이다. 나는 이러한 자세가 모든 선의의 인간들에게 적당한 것이라 생각한다. 그들이 저항 운동의 성공에 희망을 걸지 않는다면 말이다."

에라스무스는 신중한 영혼을 지닌 만큼 흔들리지 않는 독립적인 감정으로 루터는 물론 어느 누구와도 공동 작업을 하지 않으리라 결심한다. 루터는 자기 길을 가야 하고 에라스무스도 자기 길을 가야 한다. 이렇게 그들은 서로 적대적으로 맞서지 말자는 합의만을 이룬다. 동맹 제의는 거부되었고 중립 협정이 체결되었다. 루터는 드라마를 꾸미고자 하나 에라스무스는 그 드라마에 단지 관객으로, 단지 '관찰자'로 남기를 원한다.

"루터의 일이 힘차게 진전되고 있는 것에서 알 수 있듯이, 신이 그 모든 것을 원하고, 혹시 이 시대의 타락을 고치기 위해 루터와 같은 험악한 외과 의사가 필요하다고 여겼다면, 그에게 저항하는 것은 나의 일이 아니다."

그러나 정치의 시대에 중립을 지키면서 재야에 남아 있기란 당파에 참여하는 것보다 훨씬 어려운 일이다. 새로 결성된 파벌은, 물론 이는 그를 무척 화나게 하는 일이지만, 에라스무스를 자기편에 끌어들이려 애쓴다. 에라스무스는 종교개혁자들이 교회에 가하는 비판의 기초를 마련해 주었고, 루터는 이것을 교황에 대한 공격으로 바꾸었다. 가톨릭 신학자들이 격분해 말하듯 '에라스무스가 알을 낳아 주었고, 루터가 그것을 부화시킨 것'이다. 에라스무스에게는 그가 그것을 원했든 원하지 않았든 루터의 행동을 위해 길을 열어 준 사람으로서 책임이 있다.

"에라스무스가 문을 두드리자 루터가 밀고 들어왔다.*Ubi Erasmus innuit, illic Luther irruit.*"

그가 조심스럽게 문을 연 곳에 다른 사람이 난폭하게 밀고 들어 온 것이다. 그래서 에라스무스는 츠빙글리에게 고백한다.

"루터가 요구하는 모든 것을 내가 가르쳤습니다. 그토록 격하고, 극단을 찾는 언어만 빼고 말입니다."

두 사람을 갈라놓는 것은 단지 방법이다. 두 사람은 교회가 겉으로 번성하고 있는 것과 달리 내적으로는 몰락해 가고 있다는, 존립의 위험에 처해 있다는 같은 진단을 내렸다. 그러나 에라스무스가 천천히 진전을 보이는 치료 방법, 이성과 비판이라는 주사를 통해 점차 피를 맑게 바꾸는 과정을 제안하는 반면, 루터는 피가 흥건한 수술을 택한다. 피를 두려워한 에라스무스는 그런 피비린내 나는 방법, 모든 폭력적인 것을 거부했다.

"나는 신앙과 관련된 문제에서는 특히, 불화를 조성하기보다는 차라리 내 사지가 찢기는 것을 택하겠다. 많은 루터 추종자들은 '나는 평화를 전하러 온 것이 아니라 칼을 전하러 왔다'라는 성경 구절에 의지하고 있다. 나는 교회의 많은 것이 변화되어야 한다는 것을 인식하고 있지만, 혼란스러운 방식을 택하게 만드는 모든 것이 마음에 들지 않는다."

에라스무스는 톨스토이를 연상케 하는 단호함으로 폭력을 불러들이는 모든 것을 거부한다. 그리고 피를 쏟는 희생을 치러야 하는 '혼란'을 통해 변화하기보다는 차라리 불안한 상황을 계속 건더 낼 것이며, 그럴 준비가 되어 있다고 말한다. 근시안적이고 낙관적인 다른 인문주의자들이 루터의 행동을 교회의

해방과 독일의 구원으로 환영하는 반면, 그는 바로 그러한 상황에서 세계교회, 즉 보편교회가 지역교회, 영방領邦교회로 갈가리 찢어져 나갈 것을 인식하고, 통일된 유럽에서 독일이 분리되리라는 것을 깨닫는다. 그는 이성으로 이해하기보다 마음으로 더 많은 것을 예감한다. 독일을 비롯한 게르만 국가들이 피비린내 나는 살벌한 충돌 없이는 교황의 교권에서 분리될 수 없으리라는 예감이다.

그러나 에라스무스에게 전쟁은 뒤떨어진 시대로의 야만적 복귀, 후퇴를 의미하기 때문에 그는 그리스도교의 모든 교단 한가운데에서 그 끔찍한 파멸을 막기 위해 온 힘을 기울인다. 이로써 자신의 능력을 넘어서는 역사적 과제가 갑자기 그에게 부여된다. 지나치게 흥분한 사람들 한가운데에서 홀로 밝은 이성을 구현해야 한다. 펜으로만 무장한 채 통일된 유럽, 하나된 교회, 인류애로 이루어진 단일한 세계를 분열과 파괴로부터 지켜내는 과제가 그에게 주어진 것이다.

에라스무스는 루터를 달래면서 중재의 전도를 시작한다. 그 가르치기 힘든 자에게 친구들을 보내 그렇게 '난폭하게' 글을 쓰지 말며, 그렇게 '비복음적으로' 복음을 가르치지 말라고 간곡하게 부탁한다.

"나는 루터가 잠시 동안만 모든 다툼에서 손을 떼고 순수하게 복음의 일만, 다른 일은 끼워 넣지 말고 그 일만 이끌기를 바랐다. 그러면 그는 더 성공할 수 있을 텐데."

무엇보다도 에라스무스가 주지하고자 했던 점은 모든 일을 다 공개적 협상으로 결정해서는 안 되며, 어떠한 경우에라도 교회에 대한 개혁 요구를 다투기 좋아하는 대중의 귀에 대고 소리쳐서는 안 된다는 것이다. 에라스무스는 능란한 말솜씨를 가진 외교관의 능력, 화술의 선동적 힘과는 상반되는 정신적 인간이 능숙하게 부리는 또 다른 기술 '침묵'을 권장한다.

"진실 전부를 언제나 말해야 하는 것은 아니다. 그것을 어떻게 알리느냐에 많은 것이 달려 있다."

시기적으로 좋은 때를 위해 진실을 잠시 알리지 않을 수도 있다는 생각을 루터는 이해하지 못한다. 신앙의 증거자인 그에게는 가슴과 영혼이 한 번 인식한 진실은 아무리 사소한 것이라도 전부 다 고백하는 것이, 그 때문에 전쟁이나 혼란이 일어나든 하늘이 무너지든 상관없이 모든 진실을 밖으로 털어놓는 것이 양심의 숭고한 의무이다. 루터는 침묵의 기술을 배울 수도 없고, 배우려 하지도 않는다.

4년의 시간이 흐르는 동안 그의 입에는 새로운 강력한 언어가 생겨났고, 엄청난 힘, 즉 쌓여 있던 민중의 복수심이 그와 손을 맞잡았다. 황제에 저항하여 앞다투어 일어나려는 전 독일의 혁명적인 국가 감정, 성직자에 대한 증오, 외국인에 대한 혐오, 농민 봉기* 이후로 농민들 사이에 꺼지지 않고 있던 사회적, 종교적 불만의 어두운 불길이 비텐베르크 교회 정문에 가한 루터의 망치질 소리에 깨어났다. 군주, 농부, 시민 등 모든 계층의 사람들은 자기들의 개인적 문제와 신분 문제가 복음을 통해 신성한 것으로 격상됨을 느낀다. 온 독일 민중은 행동의 인간 루터에게서 용기를 발견하고 지금까지 분산되어 있던 정열을 그에게 쏟아붓는다.

그러나 종교적 열광의 불길 속에서 국가 문제와 사회 문제가 결합하면 언제나 온 세상을 뒤흔드는 강력한 대지의 진동이 발생한다. 그리고 수많은 개인이 자기들의 무의식적인 바람을 투영할 수 있는 루터 같은 인물이 존재하면, 마법의 힘은 바로 그 인물의 것이 된다. 온 국가가 몰아 주는 힘을 받은 사람은 자신을 영원한 사도로 생각하게 된다. 그리하여 한 남자가 독일에서 다시금 예언자의 말을 하게 된다.

"신은 내가 독일 땅에서 그리스도의 사도 중 한 사람으로서, 복음주의자의 한 사람으로서 가르치고 바로잡는 일을 하도록 내게 명령했노라."

이 열광자는 교회를 정화하고 '반反그리스도인'이자 '가면을 쓴 악마'인 교황의 손에서 독일 민중을 구해 내는 과제를, 말로

• 1492~1517년 독일 남서부에서 농노제 철폐, 세금 면제를 주장하며 일어난 농민 반란 분트슈 운동Bundschuh-Bewegung을 가리킨다.

해서 안 되면 칼과 불, 피를 통해서라도 그들을 구해 내는 과제를 신에게서 부여받았다고 느낀다.

분출하는 민중의 환호와 신의 명령으로 가득 찬 이 귀에 대고 경고하거나 신중을 호소하는 것은 쓸데없는 일일 수밖에 없다. 이내 루터는 에라스무스의 편지나 생각에 귀를 기울이지 않는다. 루터에겐 이제 에라스무스가 필요 없다. 그는 확고하고 냉혹하게 자신의 역사적 길을 걷는다.

반면 에라스무스는 루터에게 보인 것과 똑같은 태도로 반대편에게, 즉 교황과 주교, 군주와 통치자 들에게 호소한다. 그들이 너무도 성급하게 루터에 반발하는 것을 경고하기 위함이다. 그러나 에라스무스는 그들에게서도 그의 오랜 적, 자신의 잘못은 알려고 하지 않는 이기적이고 맹목적인 광신을 마주한다. 에라스무스는 파문은 너무 가혹한 처사이며 루터는 보편적으로 칭찬받을 만한 삶의 자세를 지닌 정직한 사람이라고 말한다. 루터가 면죄부에 대해 의심을 품은 건 분명하나 루터 이전의 다른 사람들도 이미 같은 문제를 두고 과감한 표현으로 비판했다고 이야기한다.

이 영원한 중재자는 "모든 오류가 다 이단 행위는 아니다"라며, "루터가 어떤 악의로 글을 썼다기보다는 많은 일을 너무 경솔하게 처리했을 뿐"이라고 자기의 가장 기분 나쁜 상대인 그를 변호한다. 다른 방법을 생각하지도 않고 화형장에 보내라고 소리치는 건 옳지 않으며, 의심이 가는 자라 해서 모두 이단으로 몰아서도 안 된다는 것이다. 루터를 욕하고 자극하는 대신 그에게 경고하고 그를 가르치는 것이 더 현명한 일이 아니겠는가? 에라스무스는 캄페지오Lorenzo Campeggio 추기경에게 편지를 쓴다.

"교황께서 각 종파에게 공개적인 신앙고백을 요구하신다면, 그것이 평화를 이루는 데 가장 좋은 방법일 것입니다. 이는 잘못된 표현을 하는 악습 제거에 도움이 될 것이고, 말이나 글의 광포함을 약화시킬 수 있을 것입니다."

이 온건한 사람은 종교회의에 거듭 촉구한다. 그리고 그 반박문 전체에 대해서 지식인 계층과 종교계가 '그리스도 정신에 합당한 타협'을 이끌어 내기 위한 비공개 토론을 해야 한다고 충고한다.

그러나 로마는 비텐베르크에서 들려온 소리에 귀를 기울이지 않았던 것과 마찬가지로 이 경고의 목소리를 듣지 않는다. 이때 교황은 다른 걱정거리에 골몰하고 있었다. 신이 보낸 르네상스의 선물, 그가 총애하던 라파엘로가 갑자기 사망한 것이다. 이제 누가 바티칸 궁전의 방을 품위 있게 완성할 것인가? 그만큼 비범하게 성 베드로 성당의 완성을 위해 노력할 수 있는 자 누구인가? 이 메디치 가문의 교황에겐 예술이, 위대하고 영원한 그것이 저 위쪽 작센의 작은 지방 도시 어딘가에서 벌어지고 있는 수도사들의 사소한 싸움보다 백배는 더 중요하다. 그리고 이 교황은 배짱 좋게도 이 하찮은 사제를 별 중요하지 않은 것으로 치부한다. 자기도취에 빠진 거만한 추기경들은—사보나롤라를 화형대에 올렸고, 스페인의 이단자들을 국외로 쫓아낸 자들 아니던가?—루터의 반역에 대한 유일한 대답으로 파문을 요구한다. 도대체 무엇 때문에 그의 말을 듣는단 말인가? 무엇 때문에 그 촌뜨기 신학자와 다투어야 한단 말인가?

그들은 에라스무스의 경고 편지를 제쳐 두고 로마 사무국에서 급히 파문 문서를 완성한다. 그리곤 교황 사절에게 그 독일의 반란자에 온 힘을 다해 강력하게 대응하라고 명령한다. 이편의 고집과 저편의 고집 때문에 화해를 위한 첫 번째 기회, 첫 번째이기 때문에 최선일 기회는 수포로 돌아간다.

그런데 결정적인 바로 그 며칠 사이에—이 뒷배경은 지금까지 거의 주목받지 못했다—독일 종교개혁의 모든 운명은 한순간에 에라스무스의 손에 떨어진다. 카를 황제는 루터가 마지막까지 굽히지 않을 경우 그에 혹독한 판결을 내릴 제국 의회를 보름스에 이미 소집해 놓고 있었다. 루터의 군주, 당시에는 공개적인 추종자까지는 아니고 단지 보호자였던 작센의 프리드리히*도 제국

---

* 작센의 선제후 프리드리히 3세를 말한다. 1502년에 비텐베르크 대학을 세웠고, 비텐베르크를 예술의 중심지로 발전시켰다.

의회에 불려 나온다.

신앙에 철저하고 독실하며, 루터가 쓸데없는 것, 악마의 놀음이라고까지 경멸하고 무시한 성물과 성골을 독일에서 가장 많이 수집한 이 특이한 남자는 루터에 대해 동정심을 품고 있다. 그는 자신의 비텐베르크 대학에 명성을 가져다준 루터를 자랑스럽게 여기고 있다. 그러나 루터에게 자신의 속마음을 함부로 공개하지 않는다. 신중을 기하기 위해, 그리고 아직 명확한 결정을 내리지 않았기 때문에, 그는 외교에서 볼 수 있는 방식처럼 루터와의 개인적 교류를 자제한다. 프리드리히는 (에라스무스처럼) 위급한 경우 그와 아무런 관계가 없다고 자기를 방어하기 위해 그를 받아들이지 않는다. 그러나 여러 정치적 이유 때문에, 이 힘센 촌뜨기를 황제와의 게임에 적절히 사용할 수 있으므로, 그리고 궁극적으로는 자기 지역의 재판 관할권에 대한 자긍심 때문에 그때까지 루터를 보호해 주고 있었으며, 교황의 파문 명령에도 불구하고 그에게 설교단과 대학 강단의 자리를 그대로 허용하고 있었다.

그러나 이제 그 조심스러운 보호마저 위험한 것이 된다. 루터가 추방령을 받으면 그를 계속해서 옹호한다는 것은 황제에 대한 지방 군주의 공개적 반란을 의미하기 때문이다. 그래서 이미 반쯤 신교로 개종한 군주들도 아직 대놓고 나서기를 결심하지 않은 상황이다. 물론 그들은 자기네 황제가 군사적으로 힘이 없다는 사실을 분명히 알고 있다. 황제는 프랑스와 이탈리아와의 전쟁 때문에 양팔이 묶여 있는 상황이다. 어쩌면 지금이 자기들의 힘을 키울 적당한 시기인지도 모른다. 그렇다면 신교의 문제는 가장 멋진, 말하자면 역사 앞에 가장 영광스러운 명분이 될지도 모른다. 그러나 경건하고 정직한 사람인 프리드리히에겐 신부이며 교수인 이 사람이 진정한 복음의 사도인지, 아니면 수많은 몽상가나 한 종파의 우두머리 중 한 사람일 뿐인지 아직 확신이 들지 않는다. 그리고 그는 자신이 신과 현세의 이성 앞에서 이 위대하지만 위험한 정신을 계속 보호하는 책임을 질 수 있을지 결심하지 못하고 있다.

이러지도 저러지도 못하는 상황 속에서 쾰른을 지나던 프리드리히는 에라스무스 또한 이 도시에 손님으로 와 있다는 것을 알게 된다. 그는 즉시 스팔라틴을 보내 그에게 자기 비서로 와달라고 부탁한다. 에라스무스는 여전히 세상일과 신학 문제에서 도덕의 최고 권위자로 간주되고, 완벽한 중립으로 명성을 얻고 있는 최고봉이기 때문이다. 이 선제후는 자기가 확신하지 못하는 문제에 그가 가장 확실한 조언을 해 주리라 기대하며 에라스무스에게 루터가 옳은지 그른지 질문한다.

그러나 분명한 '예' 혹은 '아니오'를 요구하는 질문은 에라스무스가 너무도 싫어하는 것이고, 특히 이번에는 그의 의사 표시에 엄청난 책임이 연결되어 있다. 에라스무스가 루터의 행동과 말을 인정하면 프리드리히는 그것으로 내심 힘을 얻어 계속해 루터를 원조할 것이고, 그러면 루터와 함께 독일의 종교개혁은 구원될 것이다. 그러나 프리드리히가 용기를 잃고 루터를 버린다면, 그는 화형을 면하기 위해 이 나라에서 도망쳐야 한다. 세계의 운명이 에라스무스의 '예'와 '아니오' 사이에 놓여 있다.

그리고 에라스무스가 그의 적들이 주장하듯이, 실제로 자기의 위대한 경쟁자 루터를 시기하고 그에 적대적이었다면, 이는 그를 제거할 절호의 기회였다. 그가 냉혹하게 부정해 버리면 이 선제후는 분명 루터에게서 보호의 손길을 거두어들여야겠다고 결심할 것이다. 독일 종교개혁의 운명은 1520년 11월 5일, 바로 이날에 달려 있었고, 세계의 역사는 사실상 에라스무스의 연약하고 신중한 손에 놓여 있었다.

에라스무스는 그 순간에 정직한 태도를 유지한다. 용감한 태도, 위대한 태도, 결정적인 태도, 영웅적인 태도는 아니지만 확실히 '정직한' 태도를 보였다. 루터의 견해에서 무엇인가 옳지 못한 것, 이단적인 것을 찾아낼 수 있는지 묻는 선제후의 질문에 그는 우선 농담으로 빠져나가려 한다. 어느 편도 들지 않으려는 것이다. 에라스무스는 루터의 가장 큰 잘못은 그가 교황의 왕관과 성직자들의 배를 건드린 데 있다고 답한다. 그러나 견해를 분명히 밝혀 달라는 진지한 요구를 받자, 그는 최고의 학식과 양심에 의거해 루터의 교리에 대한 자신의 생각을 스스로 자명한 이치라 부른 22개의 짧은 문장으로 분명하게 밝힌다. 몇 개의 문장은 다음과 같은 비난의 어조로 되어 있다.

"루터는 교황의 관대함을 악용하고 있다."

그러나 결정적인 대목에서 그 위협받는 자를 용감하게 옹호한다.

"모든 대학 중에서 단 두 대학만 루터를 혹평했지만, 그 두 대학도 그를 반박하지는 않았다. 루터가 공개 토론과 신뢰할 만한 재판관을 열망한다면, 그는 정당한 것을 요구하는 것이다."

그리고 그의 문장은 계속된다.

"이 문제를 명망 있고 신뢰할 만한 재판관이 해결하도록 한다면, 그것이 교황을 위해서도 가장 좋은 방법이 될 것이다. 세상은 진정한 복음에 목말라하고 있으며, 시대의 모든 흐름도 그쪽을 향하고 있다. 우리는 그렇게 야비한 방법으로 그를 반대해서는 안 된다."

이 까다로운 문제가 '혼란' 속에서 악화하고, 세상이 오랜 불안에 처하기 전에 양보와 공개 공회의를 통해 수습되어야 한다는 것이 그의 최후 조언이다.(루터는 이에 대해 불쾌해하면서도 감사해했다.) 이 말로 인해 종교개혁을 지지하는 광범위한 전환이 이루어진다. 선제후는 에라스무스의 설명에 담긴 이중 의미와 신중함에 나소 놀랐으나 밤중에 나눈 대화에서 지기에게 제안한 것을 정확하게 행동으로 옮긴다. 다음 날인 11월 6일, 프리드리히는 교황이 보낸 사절에게 이렇게 요구한다. 공정하고 자유로우며 신뢰할 만한 재판관들이 루터의 진술을 공개 석상에서 들어보아야 하고, 그 이전에 그의 책들이 소각되어서는 안 된다. 이렇게 프리드리히는 로마와 황제의 가혹한 처사에 항의한다. 독일 군주의 프로테스탄티즘이 처음으로 목소리를 높인 것이다. 이로써 에라스무스는 종교개혁에 은밀한 도움을 주었다. 이 결정적인 도움을 통해 훗날 자신에게 쏟아졌을지도 모를 돌멩이 대신 기념비를 얻는다.

이제 보름스에 세계시간이 도래한다. 도시는 지붕과 용마루에 이르기까지 사람들로 가득 차고, 젊은 황제가 울긋불긋한 색깔의 기병과 보병의 호위를 받으며 교황 사절과 각국의 외교 사절, 군주와 비서관 들을 대동하고 들어온다. 며칠 후, 교황에게 파문당한, 호주머니에 구겨 넣은 통행증으로 화형만은 면한 작은 신학자가 같은 길을 지나간다. 거리는 환호로 가득 차고 감격으로 불타오른다. 독일의 군주들은 황제를 독일의 지도자로 선택했으나, 독일 민중은 다른 사람을 독일의 지도자로 선택한 것이다.

첫 번째 회담은 결정을 내리지 못하고 운명을 뒤로 미룬다. 아직 에라스무스의 사상은 살아 있으며, 중재 가능성에 대한 조용한 희망이 남아 있다. 그러나 둘째 날, 루터는 다음과 같은 세계사에 길이 남을 말을 한다.

"나는 여기에 서 있다. 나는 이럴 수밖에 없다."

세상은 둘로 갈라진다. 얀 후스•의 그날 이후 처음으로 한 남자가 황제의 면전에서, 운집한 교회의 고위 성직자들 앞에서 복종을 거부한 것이다. 오싹한 한기가 궁정을 조용히 관통하고 궁정에 모인 사람들은 이 무례한 신학자에 대해 쑤군덕거리며 놀라움을 금치 못한다. 그러나 밑에서는 보병들이 루터를 향해 환호한다. 이들은 이 거부로부터 좋은 바람이 불어오리라 예감이라도 하고 있는가? 이 떠돌이 병사들은 이미 가까이 다가온, 앞으로 일어날 전쟁을 눈치채고 있는지도 모른다.

이 순간 에라스무스는 어디에 있는가? 그는 이 세계사적 순간에 불안해하며 자기 연구실에 머물러 있었다. 이는 그의 비극적인 잘못이다. 젊은 시절 베네치아에서 식사도 같이 하고 잠도 같이 잤던 교황 사절 알레안더의 친구이자 황제가 존경하는 인물이며 동시에 신교도들의 동지인 그는 그 가혹한 결정을 막을 수 있는 유일한 존재였을 것이다. 그러나 소심한 사람인 에라스무스는 남 앞에 나서는 것을 두려워한다. 그리고 그는 나쁜 소식을 듣고 나서야 놓쳐 버린 순간은 다시 되돌릴 수 없다

• 체코의 종교개혁가. 위클리프에 영향을 받아 복음주의적 성향을 보였으며 교황과 성직자들의 부패를 비판하다가 파문당하고 콘스탄츠 공의회 결정에 따라 화형에 처해졌다.

는 사실을 깨닫는다.

"나 자신이 거기에 있었더라면, 그래서 내가 할 수 있는 가장 최선의 일을 했더라면, 적절한 방책으로 이 비극이 해결되었을 텐데."

그러나 세계사의 순간은 되돌아오지 않으며 바로잡을 수 없다. 그 자리에 없었던 이 사람은 잘못 생각하고 있다. 이 세계사적 순간에 에라스무스는 설득에 온 힘을 기울이지 않았고, 자기 본질을 다 바치지도 않았으며, 자신의 현재에 진력을 다하지도 않았다. 그리하여 에라스무스는 자신의 본질을 잃었다. 그러나 루터는 극단의 용기와 승리에 대한 의지로, 꺾이지 않는 힘으로 전력을 다했다. 그랬기 때문에 그의 의지는 행동으로 나타날 수 있었다.

어디에도 예속되지 않기 위한 투쟁

그가 원하는 것은 평화, 평화, 평화일 뿐이다.
어느 편에도 들지 않고 비켜서 있겠다는 것, 평온뿐이다.
오직 온 인류를 보호하는 작업만을 원한다!
"나는 나의 평온을 원한다.*Consulo quieti meae.*"

보름스의 제국 의회, 교회의 파문, 황제의 추방 명령으로 에라스무스는 루터의 종교개혁 시도가 실패했다고 믿는다. 대부분의 사람들도 그의 느낌에 공감한다. 이제 남은 것은 국가와 교회에 대한 공개 반란뿐. 분명 이 새로운 알비파, 발드파, 후스파는 끔찍하게 제거될 것이다.˙ 그러나 에라스무스는 그러한 전쟁에 의한 해결을 피하길 바랐다. 그의 꿈은 진정한 종교개혁, 즉 교회에 복음의 교리를 심는 것이었고, 그는 그러한 목표에 기꺼이 도움의 힘을 빌려주어야 했다. '루터가 가톨릭교회 내에 머문다면, 나는 기꺼이 그의 편에 설 것'이라고 공개적으로 약속했었던 것이다. 그러나 그 난폭한 사람은 단번에 로마로부터 영원히 멀어져 버렸

˙ 알비파와 발드파, 후스파는 모두 가톨릭교회에 반대했다가 이단으로 단죄되었다.

다. 이제 그것은 지나간 일이다. 실망한 평화 애호자는 탄식한다.

"루터의 비극은 끝났다. 아, 그 비극이 무대에 오르지 않았더라면 얼마나 좋았을까."

복음 교리의 불꽃은 꺼졌고, 빛나는 정신의 별은 지고 말았다.

"복음의 빛나는 별이 떨어졌다. *actum est de stellula lucis evangelicae.*"

이제 권력의 앞잡이들과 무기가 그리스도의 일을 결정할 것이다. 그러나 에라스무스는 앞으로 일어날 모든 갈등에 비켜서야 할지 아직 결정하지 못하고 있다. 그는 자신이 이 엄청난 문제를 해결하기에는 너무 약하다고 느낀다. 그는 이토록 엄청나고 책임이 따르는 결정을 두고, 남들이 뽐내는 것처럼 신의 확신과 자기 확신을 가질 수 없다고 겸손하게 고백한다.

"츠빙글리와 부처는 그런 정신을 소유할 수 있겠지만 에라스무스는 한낱 인간일 뿐이다. 나는 신의 말을 들을 능력이 없다."

이미 오래전에 신의 불가침성에 대해 깊은 통찰력을 얻었던 쉰 살의 남자는 자신이 이 싸움에 대변자가 될 적임자는 아니라고 느낀다. 그는 단지 영원한 밝음이 존재하는 곳, 학문과 예술 속에서 조용히, 겸손하게 일하고 싶을 뿐이다. 그래서 그는 신학, 국가 정책, 교회의 분열에서 빠져나와 자기 연구실로 피해 들어간다. 싸움에서 벗어나 숭고한 책의 침묵으로 도망하는 것이다. 여기에서 에라스무스는 여전히 세상에 유용한 존재일 수 있다. 자, 나이 든 사내여, 그러니 이제 방으로 되돌아와 세상을 향한 창문을 가려 버려라! 싸움은 신의 부름을 가슴으로 느끼는 다른 사람에게 맡기고, 예술과 학문의 순수한 영역에서 진실을 지키는 조용한 과제를 따르라!

"로마 가톨릭 성직자들의 부패한 도덕이 특수한 치료제를 요구한다 해도, 치료 행위를 우리 마음대로 한다는 것은 나 같은 사람의 권한이 아니다. 나는 서로가 정반대의 목표를 향해 치닫는 그런 불안을 야기하기보다 차라리 이 문제 상황을 참고 지내겠다. 알다시피 나는 결코 반란자가 되거나 반란의 참여자가 되지는 않을 것이다."

에라스무스는 교회의 싸움에서 빠져나와 예술로, 학문으로, 자기 본연의 일로 되돌아갔다. 그는 파벌들의 욕지거리와 싸움에 구역질을 느낀다.

"나는 나의 평온을 원한다.*Consulo quieti meae.*"

그는 평온을, 예술가의 신성한 평온을 원한다. 그러나 세상은 그를 편안하게 놔두지 않기로 공모한 듯하다. 중립을 죄악시하는 시대가 존재하며, 정치적으로 흥분된 순간에 세상은 명확한 찬성 혹은 반대, 루터 쪽인지 아니면 교황 쪽인지 밝힐 것을 요구한다. 그가 살고 있는 뢰벤은 평화의 태도를 유지하기 어렵게 만든다. 종교개혁의 분위기로 뒤덮인 온 독일이 에라스무스를 루터의 우유부단한 지원자라 비난하는 가운데 이곳의 엄격한 가톨릭계 대학은 그를 적대시하고 '루터 페스트균'의 원흉이라고까지 부른다. 언제나 극단주의의 돌격대가 되는 대학생들은 에라스무스에 반대하는 소란한 데모를 일으킨다. 그들이 그의 강단을 둘러 엎고, 동시에 뢰벤의 설교단에서는 그를 비난하는 설교가 쏟아진다. 그래서 교황 사절 알레안더는 옛 친구에 대한 공개 비난을 금지시키기 위해 자신의 온 권위를 이용해 끼어들어야 했다.

용기는 결코 에라스무스의 것이 아니었다. 그는 싸우는 것보다 피하는 것을 더 좋아한다. 예전에 페스트를 피해 달아났듯, 그는 증오를 피해 수년간 일해 온 도시를 떠나 도망쳐 버린다. 이 늙은 유랑자는 서둘러 약간의 짐을 싸 방랑길에 오른다.

"독일을 떠나기 전, 지금 이 순간 광기에 휩싸인 독일인들한테 찢겨 죽지 않도록 조심해야만 한다."

중립을 지키는 이 사람은 항상 괴로운 싸움을 하게 된다.

에라스무스는 철저한 가톨릭 도시나 종교개혁이 이루어진 도시에서는 더 이상 살려 하지 않는다. 그의 운명에 적합한 곳은 단지 중립의 공간일 뿐이다. 그래서 그는 모든 자유의 영원한 피난처인 스위스에 은신처를 구한다. 바젤은 이제 그가 선택한 도시가 된다. 유럽의 중심에 위치한, 깨끗한 거리에 조용하고 고상하며 과격하지 않은 사람들이 사는 이 도시는 호전적인 군주들에게 종속되어 있지 않았고, 민주적이고 자유로우며, 무엇보다

이 독립적인 학자에게 그가 열망하던 평온을 약속한다. 여기에서 그는 대학의 교수직을 얻고 그를 알고 존경하는 학식 높은 친구들을 사귄다. 또한 이곳에서 마음에 드는 조수 파물리를 얻게 되고, 홀바인과 같은 예술가를 알게 된다. 특히 여기엔 이미 수년 전부터 작업을 함께해 온 수공업의 위대한 대가, 인쇄 기술자 프로벤Johann Froben이 있다. 그를 존경하는 사람들의 열의로 편안한 집을 제공받는다.

영원한 떠돌이 에라스무스는 자유롭고 살기 좋은 이 도시에서 처음으로 고향과 같은 기분을 느낀다. 여기에서 그는 정신에, 말하자면 자신의 진정한 '현실 세계'에 온몸을 바칠 수 있다. 그는 조용히 책을 쓸 수 있는 곳에서만, 그리고 그 책들을 신중하게 인쇄할 수 있는 곳에서만 편안함을 느낀다. 바젤은 그의 삶에 중요한 휴식처가 된다. 이 영원한 방랑자는 바젤에서 8년의 세월을 보냈고, 이는 다른 어느 곳에서 보낸 시간보다 긴 것이다. 시간이 흐르면서 두 이름은 서로 영광스럽게 연결되었다. 바젤 없이는 에라스무스를, 에라스무스 없이는 바젤을 생각할 수 없게 된 것이다. 이곳에는 오늘날까지 잘 관리된 그의 집이 남아 있고, 그의 얼굴을 영원히 남도록 만든 홀바인이 그린 초상화 몇 점이 보관되고 있다.

에라스무스는 자신의 가장 아름다운 글 중 대부분을 이곳에서 썼다. 특히 원래는 프로벤에게 주려고 했던 교훈집인 『대화

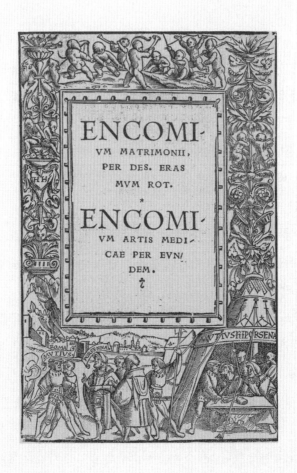

한스 홀바인이 바젤의 인쇄공 프로벤에게 그려 준 표제지

집Colloquia』이 대표적이다. 이 불꽃 같은 라틴어 대화집은 대대로 라틴어 산문 예술을 가르치는 데 쓰였다. 또한 이곳에서 그는 교부들의 저술을 정리해 새로 펴내는 위대한 과업을 완수한다. 한편으로는 세상에 편지를 보내고 또 보낸다. 담이 굳게 둘러 쳐진 연구의 요새, 이곳에서 그는 혼란을 멀리한 채 쓰고 또 쓴다.

유럽의 정신세계는 지도자를 찾을 때, 라인강 기슭의 이 당당한 고도古都를 넘겨다본다. 이 시기 바젤은 에라스무스로 인해 유럽의 정신적 수도가 된다. 이 위대한 학자 주위로 외콜람파디우스Johannes Oecolampadius, 레나누스Beatus Rhenanus, 아머바흐Bonifacius Amerbach와 같은 인문주의 학생들이 줄지어 모여든다. 의미를 찾는 사람, 군주와 학자, 순수 예술 애호가 들은 모두 프로벤의 인쇄소와 그의 집을 찾는 걸 게을리하지 않는다. 인문주의자들은 저술에 전념하는 이 존경스러운 인물을 만나기 위해 프랑스, 독일, 이탈리아에서 먼 길을 찾아온다. 비텐베르크와 취리히를 비롯한 모든 대학에서 신학 분쟁이 불타오르고 있는 동안, 이곳에서는 평온 속에 예술과 학문의 마지막 피난소가 마련된 듯 보인다.

그러나 잘못 생각하지 말라, 나이 든 사내여. 진정 너의 시대는 지나갔고 너의 밭은 황폐해졌다. 세상에서 벌어지는 싸움은 결사적이다. 정신은 파벌화됐고, 사람들은 서로 적의를 품으며 각각의 무리로 결집하고 있다. 자유인, 예속되지 않는 자, 따로 떨어져 있는 자는 더 이상 허용되지 않는다. 세계는 신교의 개혁에 찬성하느냐 아니면 반대하느냐를 두고 싸우고 있다. 이제 창문을 잠그거나 책 뒤로 도망가는 것은 용인될 수 없다. 루터가 유럽의 한쪽 끝에서 다른 쪽 끝까지 그리스도교 세계를 찢어 놓았으므로, 현실을 외면한다거나 그의 글을 읽지 않았다고 유치하게 회피하는 것은 의미 없는 일이다. 좌우 양쪽에서, 들을 때마다 소름 끼치는 강요의 소리가 날뛰고 있다.

"우리에게 찬성하지 않는 자는 우리의 적이다."

우주가 두 쪽으로 갈라지면 그 균열은 모든 사람을 꿰뚫는다. 에라스무스, 너는 헛되이 도망쳤다. 사람들은 불을 질러 너를 요새에서 끄집어낼 것이다. 이 시대는 고백을 원한다. 이 세상은 정신적 지도자 에라스무스가 어디에 있는지, 에라스무스가 루터에게 찬성하는지 반대하는지, 교황에게 찬성하는지 반대하는지 알고 싶어 한다.

이제 충격적인 연극이 시작된다. 세상은 싸움에 지친 한 사람을 철저하게 싸움에 끌어들이고자 한다. 쉰다섯 먹은 이 남자는 탄식한다.

"휴식을 기대한 바로 그 순간에 세상의 폭풍이 날 놀라게 한 것은 불행이다. 나는 그냥 관객으로 남고자 하는데 왜 그것을 허락하지 않는가? 수많은 사람이 이 연극을 구경하려고 탐욕스럽게 몰려들기 때문인가? 나는 이 비극에 배우로 참여할 능력이 없다."

그러나 이 같은 비판의 시대에 명성은 곧 의무가 되고 저주가 되기도 한다. 에라스무스는 세상의 호기심에 직면해 있다. 그의 말은 너무도 중요하여 이쪽과 저쪽, 파벌을 만든 사람들 모두 그의 권위를 포기하려 하지 않는다. 양편의 지도자들은 자기들의 문제에 그를 이용하기 위해 온갖 수단을 다 동원해 그를 끌어당기고 잡아당긴다. 그들은 돈과 아첨으로 그를 유혹하고, 그 잘난 침묵에서 끌어내기 위해 용기가 부족하다며 비웃었고, 그의 책이 로마에서 금서가 되고 불태워졌다는 거짓 정보로 그를 놀라게 한다. 그들은 그의 편지를 위조하고 그의 말을 의도적으로 왜곡한다.

이러한 순간, 어디에도 예속되지 않는 사람의 진정한 가치가 분명히 드러난다. 황제와 여러 왕과 세 명의 교황이, 반대쪽에서는 루터와 멜란히톤과 츠빙글리가, 이 모든 사람들이 에라스무스의 동의를 얻으려 애쓰기 때문이다. 그는 이편이든 저편이든 어느 편에 서기만 하면 세속의 모든 것을 다 얻을 수 있을 것이다. 그는 자기가 종교개혁을 지지한다고 분명하게 밝히면 종교개혁의 일선에 설 수 있다는 걸 알고 있다. 물론 반대의 상황도 잘 알고 있다.

"내가 루터에게 반대하는 편지를 쓰면, 난 교구를 하나 차지할 수 있을 것이다."

그러나 이 같은 일방적이고 절대적인 양편의 주장 앞에서 에라스무스는 몸서리치며 뒤로 물러난다. 그는 솔직하지 못한 교황의 교회를 보호할 수 없다. 교황의 교회가 저지르는 여러 악행을 비난하고, 개혁을 주장한 첫 번째 사람이 그이기 때문이다. 에라스무스는 신교도들을 위해서도 완전한 책임을 맡으려하지 않는다. 그들은 그리스도 이념인 평화를 세상에 들여오지못하고 난폭한 광신자가 되어 버렸기 때문이다.

"그들은 끊임없이 외친다. 복음! 복음! 그러나 그들 자신은 그 해석자가 되려 하지 않는다. 일찍이 복음은 난폭한 자들을 부드럽게, 도둑들을 착하게, 싸움 좋아하는 자를 온화하게 했으며 저주하는 자를 축복하는 자로 만들었다. 그러나 그들은 마치 미친 사람처럼 갖가지 폭동을 일으키고 의당한 것을 나쁜 것이라 험담하고 있다. 내가 보고 있는 것은 새로운 위선자, 새로운 폭군이지 복음 정신의 불꽃이 아니다."

그렇다. 그는 양편 중 어느 편에도, 교황 편에도 루터 편에도 서지 않는다. 에라스무스는 공개적으로 자신이 어느 편의 지지자라 밝히려 하지 않는다. 그가 원하는 것은 평화, 평화, 평화일 뿐이다. 어느 편에도 들지 않고 비켜서 있겠다는 것, 평온뿐이다. 오직 온 인류를 보호하는 작업만을 원한다!

"나는 나의 평온을 원한다.*Consulo quieti meae.*"

그러나 에라스무스의 명성은 너무도 크고, 그의 고백을 향한 기다림은 너무도 우악스럽다. 그가 앞으로 나서야 하며, 자기 자신과 모든 사람을 위해 결정의 말을 해 주어야 한다는 외침이 온 세상에서 점점 더 크게 터져 나온다. 고귀하고 청렴한 정신을 대변하는 에라스무스에 대한 믿음이 교양인들의 세계에 얼마나 뿌리 깊이 박혀 있는지는 위대한 독일 정서의 가장 깊은 영혼이라여겨지는 뒤러의 감동적인 호소가 잘 말해 주고 있다. 알브레히트 뒤러는 이전에 네덜란드를 여행하면서 에라스무스를 알게 되었다. 독일의 종교개혁을 이끄는 지도자 루터가 죽었다는 소문이 퍼지던 때, 뒤러는 그 신성한 일을 계속 맡아 줄 충분한 가치가 있는 유일한 인물로 에라스무스를 생각한다. 영혼의 감동을받은 그는 자신의 일기에 다음과 같은 말로 에라스무스에게 도움을 구하는 글을 적어 넣는다.

"로테르담의 에라스무스여, 당신은 어디에 있습니까? 그리스도의 기사여, 들으소서. 주 그리스도와 함께 앞으로 나와 진실을보호하시고 순교자의 왕위에 오르소서! 그러지 않으면 당신은그저 늙은 남자에 불과할 것입니다. 나는 당신 스스로 2년간은무언가 가치 있는 일을 할 수 있다고 말했다는 이야기를 들었습니다. 그 2년을 복음에, 신을 향한 진정한 그리스도교 신앙에 바치십시오. 그리고 당신의 말씀을 들려주십시오. 그러면 그리스도가 말하듯, 지옥의 문도 로마의 교황청도 결코 당신에게 저항하지 못할 것입니다. 오, 에라스무스, 굴복하지 마십시오. 다윗을 찬양하듯 나는 자랑스럽게 신에게 당신을 추천합니다. 당신은 할 수 있습니다. 진정 당신은 골리앗을 무너뜨릴 수 있습니다."

뒤러와 함께 온 독일이 그렇게 생각한다. 그러나 위급한 상황에 처한 가톨릭교회 또한 에라스무스에게 모든 것을 바라며, 그 바람은 저쪽 편보다 결코 덜하지 않다. 그리스도의 지상 대리인, 교황은 친서를 보내 문자 그대로 거의 똑같이 촉구한다.

"앞으로 나오시오. 앞으로 나와 신의 일을 후원해 주시오! 신의 명예를 위해 당신의 훌륭한 재능을 사용하시오! 루터에게 유혹당한 사람들이 다시 올바른 길을 가는 것, 아직 이단으로 떨어지지 않은 사람들이 자기들의 확고한 자리를 지키는 것, 몰락에 이른 사람들을 지켜 내는 것, 그것은 신의 도움과 함께 당신에게 달린 문제라는 걸 생각하시오!"

그리스도교의 모든 신부와 주교, 영국의 헨리 8세, 독일의 카를 5세, 프랑스의 프랑수아 1세, 오스트리아의 페르디난트, 부르군트의 공작을 비롯한 여러 군주들이, 그리고 다른 쪽에서는 종교개혁의 지도자들이, 이 모두가, 마치 호메로스의 고전 속 지휘관들이 아킬레우스에게 가만있지 말고 전쟁에 참가해 달라면서 그의 천막 앞에 몰려왔듯이, 절박한 모습으로 간청하며 에라스무스 앞에 몰려나온다. 이는 정말 엄청난 장면이다. 이 땅의 권력자들이 한 개인의 말을 듣기 위해 이토록 다툰 일은 긴 역사 중에도 드문 일이다. 이렇게 정신의 힘이 세속의 힘을 누른 경우는 정말 드물다. 그러나 여기에서 에라스무스의 본질에 보이지 않는 파괴가 일어난다. 그는 자신의 은혜를 얻으려는 그 모두에게 명확한 말이나 영웅적인 말을 하지 않는다.

"나는 그 무엇도 하고 싶지 않다."

그는 공개적으로 명확하게 거부할 수 없다. 그렇지만 어떠한 파벌과도 함께하려 하지 않는다. 그에겐 자기 내면의 독립이 명예인 것이다. 그러나 이와 동시에 유감스럽게도 그는 어느 쪽과도 나쁜 관계가 되려 하지 않는다. 전적으로 올바른 그의 태도가 그의 품위를 앗아 간다. 그는 자신을 지지하고 숭배하고 후원하는 권력자들에게 감히 명백한 저항은 하지 못하고, 불분명한 핑계로 그들 모두를 기다리게 만들기 때문이다. 그는 곡예를 하듯 비껴간다. 곤란을 교묘히 돌파하고 일시적 모면을 위해 기회를 엿본다. 그는 피한다. 약속을 하고도 머뭇거리고, 구속력 있는 글을 쓰면서도 자기는 거기에서 벗어나려 하며, 아첨하고 꾸며 댄다. 자신이 나서지 않는 것에 대해 어느 때는 병이 났다는 구실로, 그러다가는 피곤하다는 이유로, 또 어느 때는 권한이 없다는 핑계로 용서를 구한다.

에라스무스는 과장된 겸손으로 교황에게 답한다. 어떻게 말입니까? 하찮은 정신의 소유자인 이 사람이, 중간치에도 못 가는 교양을 가진 이 사람이 감히 이단을 근절하는 엄청난 일을 해야 한단 말입니까? 한편으로는 다달이 희망 섞인 말로 영국의 왕을 진정시키고, 동시에 반대편의 멜란히톤과 츠빙글리에겐 아부성 편지를 보내 그들의 마음을 달랜다. 그는 수백 가지 빠져나갈 핑계를 찾아내고, 계속해서 또 다른 구실들을 만들어낸다. 그러나 이 모든 책략 뒤에는 결정적인 의지가 숨겨져 있다.

"나 에라스무스가 허약한 그리스도교인으로 보여 더는 높이 평가하지 않게 되면, 누구든 자기 마음대로 나를 생각할 수 있을 것이다. 나는 현재의 나와 다른 사람일 수가 없다. 누군가가 그리스도로부터 더 위대한 정신의 재능을 부여받았다면, 그는 나보다 자신에 대한 확신을 가지고 있을 것이다. 그런 그는 그리스도의 명예를 위해 자신의 재능을 사용할 수 있다. 하지만 내 기질에는 조용하고 안전한 길을 가는 것이 훨씬 잘 어울린다. 나는 분열을 미워하고 평화와 타협을 사랑하는 것 이외에 다른 일은 할 수 없다. 나는 인간사 모든 일이 얼마나 암담한 것인지 인식했기 때문이다. 또한 혼란을 일으키는 일이 그것을 잠재우는 일보다 얼마나 더 쉬운지 잘 알고 있다. 그리고 나는 모든 문제에 있어 내 자신의 이성을 신뢰하지 못하기 때문에, 차라리 다른 사람에 대해 의견을 말하는 걸 단념하겠다. 소원이 있다면 모든 사람이 그리스도교와 평화로운 복음의 승리를 위해 폭력

없이, 그리고 단지 진실과 이성의 뜻에 따라 함께 싸우는 것이다. 신부들이 품위를 지키고, 우리 주 예수가 바라신 민중의 자유를 위해 우리 모두가 화합하기를 바란다. 자신이 가진 최고의 능력에 따라 이러한 목표를 향해 가는 사람들이라면, 이 에라스무스는 기꺼이 그들 편에 설 것이다. 그러나 나를 혼란 속에 끌어들이고자 하는 사람이라면, 그는 나를 지도자로서든 동지로서든 얻지 못할 것이다."

에라스무스의 결심은 단호하다. 그는 황제, 왕, 교황, 그리고 여러 종교 개혁자들을, 루터, 멜란히톤, 뒤러 등 위대한 투사들을, 온 세계를 기다리고 또 기다리게 만든다. 어느 누구도 그에게서 결정적인 말을 끌어내지 못한다. 그의 입술은 누구에게나 친절한 미소를 짓는다. 그러나 그 입술은 결정적인 마지막 말 앞에서는 굳게 닫혀 있다.

그러나 여기에 기다리지 않으려는 한 사람이 존재한다. 어려운 문제를 단숨에 풀어 버리겠다고 엄청난 결심을 한, 뜨겁고 성질급한 정신의 투사, 울리히 폰 후텐이다. '죽음과 악마에 대항하는 기사', 독일 종교개혁의 대천사 미카엘로 불리는 그는 믿음과 사랑으로, 아버지를 우러러보듯, 에라스무스를 우러러보았었다. 인문주의에 열정적으로 빠져든 이 젊은이의 간절한 소망은 소크라테스의 제자 알키비아데스Alkibiades처럼 에라스무스의 제자가 되는 것이었다. 그는 신뢰에 차 자신의 삶을 에라스무스의 손에 맡겼다.

"요컨대, 신이 나를 보호하고 당신이 독일의 명예를 위해 우리를 지켜 준다면, 나는 당신과 함께 남기 위해 모든 것을 거부할 것입니다."

그리하여 언제나 찬미에 민감했던 에라스무스는 이 '뮤즈의 비범한 총아'를 진심으로 지원했으며, 변치 않는 종달새처럼 "오, 위대한 학문의 시대여, 오, 문학이여! 산다는 것은 즐거움일세!*O saeculum, o litterae! Juvat vivere!*"라고 하늘을 향해 끝없이 환호하는 이 가슴 뜨거운 젊은이를 사랑했다. '삶은 기쁨'이라는 이 젊은이의 외침은 환희와 믿음에 가득 찬 것이었다.

에라스무스는 정말로 이 젊은 대학생을 학문의 새로운 대가로 키워 내길 바랐다. 그러나 정치는 곧바로 젊은 후텐을 사로잡았으며, 연구실의 공기와 잡다한 인문주의 책들은 점차 그에게 갑갑하고 공허한 것이 되어 갔다. 기사의 아들이자 그 자신도 기사인 후텐은 다시 도전의 장갑을 낀다. 그는 이제 펜만 잡으려는 것이 아니라 교황과 성직자들의 정치에 저항해 칼도 휘두르려 한다. 그는 라틴어 시인의 월계관을 썼음에도 불구하고, 단지 독일 복음의 시대를 불러내기 위해 낯선 그 교양어를 던져 버린다.

예전에 내가 썼던 라틴어

그것은 어느 누구도 알지 못한다
이제 나는 조국을 향해 외친다

그러나 독일은 이 무모한 자를 추방하고, 로마에서는 그를 이단
자로 몰아 화형시키려 한다. 집에서 쫓겨나 무일푼이 된 채 일찍
늙어 버린, 끔찍한 매독균이 뼛속까지 갉아먹어 종양이 온몸에
퍼진 채 내장마저 반쯤 찢겨 부상당한 짐승처럼 되어 버린 서른
셋 나이의 이 남자는 마지막 남은 힘을 다해 바젤로 기어 온다.
거기엔 그의 위대한 친구, '독일의 빛', 그의 스승, 그의 사부, 자
신이 그의 명성을 알리는 데 힘썼고 우정으로 늘 함께했던, 그리
고 지금은 사라지고 반쯤은 망가진 것이지만 그가 지닌 예술적
힘의 원천, 그의 보호자 에라스무스가 살고 있다. 끔찍하게 쫓겨
나 검은 파도에 휩쓸려 난파당한 이 사람은 지푸라기라도 붙잡
고 싶은 심정으로, 몰락 직전에 에라스무스에게 피난 온 것이다.
    그러나 에라스무스는—그는 유감스러울 정도로 불안해하
는 자기 마음을 이 혼란의 시험에서보다 더 솔직하게 드러낸 적
이 없다—그 쫓겨난 자를 자기 집에 들이지 않는다. 영원히 분
쟁을 일으키는 이 싸움꾼은 이미 오래전부터 그에겐 불쾌하고
불편한 사람이다. 그는 이미 뢰벤에서 후텐이 성직자들에게 공
개적으로 선전포고를 해야 한다고 요구했을 때, 냉혹하게 거절
한 일이 있었다.

"나의 과제는 교육을 후원하는 일이다."

에라스무스는 정치에 문학을 희생시킨 이 광신자, 루터의 필라데스Pylades*와는 최소한 공개적으로는, 수많은 스파이가 자기 집 창문을 몰래 들여다보고 있는 이 도시에서는 아무 일도 같이하려 하지 않는다. 처참하게 쫓기고 있는 이 사람에게, 막다른 골목에 몰려 반쯤 죽어 가는 이 사람에게 에라스무스는 겁을 먹고 있다. 그가 두려워하는 것은 세 가지이다. 첫째, 이 페스트와 같은 재앙의 보균자가―에라스무스가 전염보다 더 두려워한 것은 없었다―자기 집에 들어와 살겠다고 부탁할 수도 있을 것이다. 둘째, 이 '가진 것을 다 빼앗긴 자egens et omnibus rebus destitutus', 모든 것을 잃은 이 거지가 그에겐 계속해서 짐이 될 것이다. 그리고 셋째, 교황을 욕하고, 독일이 사제들의 전쟁에 휩싸이게 부추긴 이 남자는 이미 분명하게 밝힌 자신의 중립 입장을 웃음거리로 만들지도 모른다.

그래서 에라스무스는 후텐이 바젤의 자기 집에 방문하는 것을 거절한다. 그러나 이번에도 그는 기질에 맞게 '나는 그것을 원하지 않는다'라고 솔직하게, 결정적으로 말하는 것이 아니라 하찮고 사소한 핑계를 댄다. 자기는 지금 결석과 대장염

---

* 고대 그리스 신화에 나오는 아가멤논의 아들 오레스테스의 친구. 절친한 친구를 의미한다.

을 앓고 있고, 후텐에게는 따뜻한 방이 필요할 텐데 자기는 난로 연기를 견디지 못하기 때문에 그를 난방이 되는 방에 맞이할 수 없다는 것이다. 분명하지만, 참으로 어설픈 구실이었다.

이제 온 세상의 눈앞에 부끄러운 연극이 벌어진다. 당시에 바젤은 도로도 전부 합해서 백여 개가 채 되지 않고, 광장도 두세 개에 지나지 않았으며, 모든 사람이 서로 다 알고 지내던 작은 도시였다. 그런 작은 도시에서 위대한 시인이자 루터와 독일 종교 개혁의 비극적 병사였던 울리히 폰 후텐이, 지금은 가련한 병자 신세가 되어 절뚝거리며 몇 주일씩 골목과 식당을 이리저리 헤맨다. 그는 복음의 첫 번째 지지자이자 환기자인 자신의 친구가 살고 있는 집 앞을 서성인다. 그는 때때로 광장에 서서, 한때 감격하여 자신을 새로운 루키아노스Lukianos•로, 이 시대의 위대한 풍자 작가로 추켜세워 세상에 알려 주던 사내의 빗장 걸린 문과 불안으로 닫아 버린 창문을 노여움 가득한 시선으로 바라본다.

냉혹하게 닫힌 덧창문 뒤에는 늙고 비쩍 마른 작은 사내, 에라스무스가 껍질 속의 달팽이처럼 들어앉아 있다. 에라스무스는 이 평화 파괴자, 이 성가신 떠돌이가 그 도시를 떠날 것이라 기대하지 않는다. 소식꾼들이 오간다. 문이 열리지는 않을까, 예

• 고대 로마의 작가. 자기 시대의 철학자. 작가 들의 종교적 광신. 허영을 풍자와 패러디. 아이러니 등으로 표현했다.

울리히 폰 후텐
에르하르트 쇤 작

전의 친구가 결국 자신의 비참한 처지를 돕기 위해 다시 손을 내밀어 주지는 않을까, 후텐은 여전히 기다린다. 그러나 에라스무스는 침묵하며, 마음에 걸려 하면서도 거절하고 있다. 그는 만일을 생각해서 자기 집에 틀어박혀 나오지 않는다.

마침내 후텐은 독기 오른 피가 끓는 가운데 가슴에 독을 품고 떠난다. 그는 츠빙글리를 찾아 취리히로 건너간다. 츠빙글리는 거리낌 없이 그를 맞아 준다. 그는 힘겹게 이 병상에서 저 병상으로 자기 몸을 끌고 다닌다. 그러나 그것도 그의 고독한 무덤이 우페나우섬에 마련될 때까지, 그저 몇 달 동안 만이다. 이 악의에 찬 검은 기사는 쓰러지기 전에 에라스무스에게 치명타를 가하기 위해 이미 반쯤 부러진 칼을 들어 올린다. 고백자인 후텐이 고백하려 하지 않는, 지나치게 소심한 자에게 칼을 드는 것이다.

그는 끔찍한 분노의 글 「에라스무스를 탄핵함Expostulatio cum Erasmo」으로 한때의 친구, 한때의 지도자를 습격한다. 그는 온 세상 앞에서, 다른 사람의 성장을 질투하는 에라스무스의 탐욕스런 명예욕을 꾸짖는다.(이는 그가 루터에게도 가했던 공격이었다.) 후텐은 의심 많은 에라스무스의 성격을 그의 죄로 지목하고, 그의 성향을 비방하며, 에라스무스가 내적으로는 국가의 과제와 루터의 대의명분에 공감하고 있으면서도 그 문제를 그대로 방치하고 비열하게 배반했다고 온 독일 땅에 대고 격렬하게 소리친다. 후텐은 임종의 자리에서도 에라스무스를 불같이 공격한다. 에라스무스가 복음주의 교리에 동감하지만 그것을 옹호할 용기가 부족하며, 공개적으로 복음주의를 공격하더라도 복음주의자들은 오래전부터 그를 두려워하지 않고 있다는 것이다.

"단단히 준비하시오. 상황은 이제 행동에 옮길 만큼 무르익었습니다. 당신의 늙은 나이에 어울리는 과제이지요. 모든 힘을 한데 모아 그 일에 돌리시오. 당신은 적들이 무장하고 있다는 것을 알게 될 겁니다. 당신이 이 땅에서 쫓아내려 하는 루터파는 싸움을 기다리고 있고, 싸움을 피하지 않을 것입니다."

후텐은 에라스무스의 내면에 비밀스럽게 일고 있는 갈등을 깊이 인식하고, 그의 양심이 상당 부분 루터의 교리가 옳았음을 인정하고 있기 때문에, 그가 그 싸움에 상대가 되기엔 부족할 거라고 말한다.

"당신 마음 한구석에선 예전에 쓴 자신의 글에 대해 그럴 수 없듯 우리를 비판하지 못할 것이오. 당신은 어쩔 수 없이 당신의 지식을 자신을 비판하는 데 이용하게 될 것이고, 한때 대단했던 당신의 능변을 비판하는 데 웅변술을 사용하게 될 것이오. 당신의 글들이 서로 싸우게 될 것이오."

에라스무스는 이 공격의 강도를 즉시 감지한다. 지금까지는 그저 하찮은 사람들만이 그를 향해 투덜거렸을 뿐이었다. 때때로 기분이 상한 작가들은 그에게 사소한 번역상의 오류나 꼼꼼하지 못한 부분 또는 잘못된 인용들을 지적했다. 대수롭지 않은 이런 일들도 이 예민한 자를 신경 쓰이게 만들긴 했다. 그러나 이번에 그는 처음으로 진짜 공격을 받게 된다. 온 독일 앞에서 진짜 적에게 습격당하고 대결 요청을 받은 것이다. 놀란 그는 곧바로, 아직까지는 필사본 형태로 돌아다니고 있는 후텐의 글이 인쇄되는 것을 막으려 시도한다. 그러나 그 시도가 실패하자 그는 화가 나 펜을 잡고『후텐의 비방을 깨끗이 지워 버리기 위해Spongia adversus aspergines Hutteni』라는 글로 대답한다. 그는 강력하게 맞받아친다.

에라스무스는 이 격렬한 싸움에서 후텐이 어디에 상처를 입어 치명타를 당했는지 알고, 그 부위를 계속 파고들어 공격하는 데 주저하지 않는다. 그는 마침내 강력하고 분명한 424개 항목의 신앙고백으로—자신의 단호함과 독립을 위한 것이라면 에라스무스는 늘 탁월함을 보인다—후텐의 모든 비방을 조목조목 반박한다.

"나는 이미 그토록 많은 책에서, 그토록 많은 편지와 수많은 토론에서 어떠한 파벌 문제에도 섞여 들길 원치 않는다고 단호하게 설명했다. 후텐이 자기가 원한 것과 달리 내가 루터를 지원하지 않는다 해서 내게 화를 내고 있으나, 이미 3년 전에 나는 그 파에 철저한 이방인이며 또 그렇게 남길 원한다고 공개적으로 설명했다. 분명히 나 자신은 관여하지 않겠다는 것뿐만 아니라 내 모든 친구들에게도 그런 자세를 유지하라고 했던 것이다. 그렇기에 나는 흔들리지 않을 것이다. 나는 루터가 썼고, 쓰고 있고, 또는 언젠가 쓸 모든 것에 완전한 의무를 지는 것을 파벌에 속하는 일이라고 생각한다. 이런 식의 완전한 자기 포기는 종종 탁월한 사람들에게 나타난다. 그러나 나는 내 모든 친구들에게, 그들이 나를 맹목적인 루터파 사람으로 생각한다면, 이는 그들 마음대로 나를 생각하는 것이라고 분명히 설명했다. 나는 자유를 사랑한다. 나는 결코 어떤 파벌에도 봉사하지 않을 것이며, 또 그렇게 할 수도 없다."

이 날카로운 반격은 후텐을 맞히지 못했다. 분노에 찬 에라스무스의 글이 인쇄기를 빠져나왔을 때 영원한 투사 후텐은 이미 영원한 평화 속에 잠들어 있었고 취리히 호수는 부드러운 물결로 그의 고독한 무덤 주위를 씻어 내고 있었다. 에라스무스의 치명타가 그에게 닿기도 전에 죽음이 후텐을 이겨 버린 것이다. 그러나 위대한 패배자 후텐은 죽어 가면서 마지막 승리를 이루어 냈다. 황제와 왕, 교황과 성직자 들이 온 힘을 기울여도 해내지 못한 것을 그가 해냈다. 그는 조롱이라는 자신의 소독약으로 에라스무스를 그의 굴에서 끌어낸 것이다.

이제 에라스무스는 세상 앞에서 자신의 소심함과 망설임에 책임을 져야 할 상황이 되었다. 그는 공개적으로 앞으로 나오라는 요구를 받고, 모든 상대 중의 가장 강력한 상대, 루터와의 논쟁을 피하지 않을 것이라는 점을 분명히 표명해야 한다. 자신의 견해를 밝혀야 하고, 한쪽 편을 들어야 한다.

자신의 평화 이외에는 다른 어느 것도 원하지 않고, 루터의 문제가 펜 끝으로 누르기엔 너무 강해졌다는 사실을 잘 알고 있는 늙은 남자 에라스무스는 무거운 마음으로 일에 착수한다. 그는 자신이 어느 누구도 설득할 수 없으리라는 것을, 자신이 아무것도 변화시키지 못하고 아무것도 개선하지 못하리라는 것을 잘 알고 있다. 그는 어쩔 수 없이, 전혀 마음이 내키지 않는 상태로 자신에게 강요된 싸움에 들어간다. 그러나 이제 더 이상 물러설 수 없다. 1524년, 그는 결국 루터를 반박하는 글을 인쇄소에 넘기면서, 무거운 짐을 벗은 듯, 한숨을 내쉰다.

"주사위는 던져졌다! *Alea iacta est!*"

위대한 논쟁

위대한 논쟁

어떤 독단에도 관계하려 하지 않고,
어떤 파를 위한 결정도 하지 않으려는 이 자유로운 정신,
어디에도 예속되지 않는 이 정신은 지상 어디에서도
정착지를 찾지 못하는 것이다.

글로 논쟁을 벌이는 것은 어느 특정한 시대의 특징이 아니라 모든 시대의 특징이다. 정신적인 사람들의 계층이 서로 연결되지 않은 채 여러 국가에 드문드문 엷게 분포되어 있는 것처럼 보이던 16세기에도 늘 호기심 많고 촘촘한 그 집단 내에서는 아무것도 비밀로 남지 못한다. 에라스무스가 종이에 펜을 대기도 전에, 그가 싸움에 나설 것인지, 그게 언제인지 확실해지기도 전에 이미 비텐베르크에서는 바젤에서 무엇이 계획되고 있는지 알고 있다. 루터는 오래전부터 이 공격을 예측하고 있었다. 그는 1522년에 한 친구에게 이렇게 쓰고 있다.

"진실은 웅변보다 더 강한 법일세. 믿음은 학식보다 더 위대하다네. 나는 에라스무스에게 앞으로 나오라고 요구하지는 않을 것이네. 하지만 그가 날 공격한다면 나는 지체없이 반격할 생각이야. 어쨌든 그가 자신의 웅변의 힘을 내게 돌린다는 것은 쓸데없는 일로 보이네. 그럼에도 그가 그런 일을 감행한다면, 예수 그리스도는 지옥의 문도, 어떤 시류의 힘도 두려워하지 않는다는 사실을 알게 될 것이네. 나는 그 유명한 에라스무스에게 맞설 것이네. 그의 명성, 그의 이름, 그의 지위도 개의치 않을 걸세."

에라스무스에게 보고될 것이 자명한 이 편지는 위협, 아니, 경고라고 해도 좋을 내용을 담고 있다. 사람들은 그 말의 행간에서 어려운 상황에 처한 루터가 펜으로 하는 논쟁은 차라리 피하고 싶어 한다는 것을 감지한다. 이제 양편에서 친구들이 중재하며 개입한다. 멜란히톤도, 츠빙글리도 복음의 문제를 위해 바젤과 비텐베르크 사이에 다시 한번 평화를 심기 위해 노력한다. 그리고 그들의 노력은 예상치 못했던 결과를 이루는 것처럼 보인다. 루터가 뜻밖에도 스스로 에라스무스에게 말을 건네기로 결심한 것이다.

루터가 예의 바른 겸손의 태도로, 학생이 허리를 굽히듯 지나칠 정도로 겸손하게 그 '위대한 인물'에게 다가섰으니, 몇 년 사이에 그 어조가 얼마나 변화한 것인가! 세계사적 위치에 있다는 의식, 독일에 대한 그의 사명감은 이제 그의 언어에도 격정을 자제하는 태도를 만들어 주고 있다. 이미 교황과 황제, 이 땅의 모든 권력자와 싸움을 벌이고 있는 루터에게 적이 더 이상 무슨 의미를 갖는단 말인가? 그는 은밀한 놀이에 식상해하고 있다. 그는 불확실한 상황과 미지근한 타협을 원하지 않는다.

"불분명하고 의심스럽고 불확실한 말과 의견은 가차 없이 쓸어버려야 한다. 그런 것들은 아예 눌러 버리고 즉각 집어던져 버려야 하며 그대로 놔둬선 안 된다."

루터는 분명함을 원한다. 그는 마지막으로 에라스무스에게 손을 내민다. 그러나 그 손은 이미 쇠 장갑으로 무장하고 있다.

첫마디는 아직 공손하고 조심스러운 듯하다.

"친애하는 에라스무스, 저는 지금까지 충분히 오랜 시간을 조용히 앉아만 있었습니다. 위대하신 분이자 연장자인 당신이 침묵을 벗어나실 준비를 하고 계신 줄로 알고 기다리고 있었던 것입니다. 긴 기다림의 시간이 지났고, 사랑은 이렇게 편지로 시작하라고 제게 재촉하는군요. 무엇보다도 먼저 말씀드릴 것은, 당신께서 저희들에게 냉담한 입장을 취하신 것에 대해 저는 아무런 이의가 없다는 것입니다. 그러한 당신의 처신을 교황 신봉자들은 훌륭하다고 여기겠지만…"

그러나 곧 이 우유부단한 자에 대해 속으로 쌓여 있던 불만이 강력하게, 그리고 거의 경멸적인 어조로 터져 나온다.

"…우리는 당신이 그 괴물과의 싸움에 동의하고 우리 편에서서 확신에 차 그것에 대항할 수 있는 단호함과 용기, 의식을 주님으로부터 받지 못했다는 사실을 잘 알고 있기에, 요구할 수 있는 이상의 것을 당신에게 요구하지는 않겠습니다. 하지만 저는 차라리 당신이 우리의 일에 끼어들지 않는 모습을 볼 수 있었더라면 좋았을 것입니다. 당신은 당신의 지위와 웅변술로 수많은 일을 이룰 수 있었음에도 당신의 마음이 우리와 함께하지 않기에, 당신은 당신에게 맡겨진 재능으로만 신에 봉사하는 것이 더 나을지도 모르겠습니다."

그는 에라스무스의 연약함과 소심함을 동정한다. 그러나 그는 결국 자신들의 과업은 에라스무스의 목적을 넘어서는 중요한 것이고, 에라스무스가 온 힘을 다해 자기에게 맞선다 하더라도 그것은 자기에게 위협이 되지 않으며, 그리고 그가 때때로 자기를 자극하고 비방하더라도 그건 더더욱 의미 없는 일일 것이라는 결정적인 말을 던진다. 루터는 에라스무스에게 위압적으로, 그리고 거의 명령조로 말한다.

"자극적이고 수사적이며 비유적인 연설을 그만두라."

달리 어쩔 수 없다면 "우리의 비극에 단지 관객으로만 남으라"며 자신들에 반대하는 사람들과 행동을 같이하지 말 것을 요구한다. 루터가 에라스무스에게 반대하는 일은 아무것도 하지 않으려는 것처럼, 그도 글로 자기를 공격하지 말아야 한다는 것이다.

"한때 서로 아픔을 주었던 것으로 충분합니다. 우리는 이제 서로를 지치게 하지 않도록 주의해야 합니다."

인문주의 세계 제국의 군주 에라스무스는 이런 식의 거만한 편지를 어느 누구로부터도 받아 본 적이 없었다. 이 나이 든 남자는 내면의 모든 평화 애호 감정에도 불구하고, 한때 겸손하게 자기의 보호와 비호를 간구했던 그 사내에게 그렇게 위압적으로 질책받고 하찮은 수다쟁이로 취급받을 생각은 추호도 없다. 그는 당당하게 대답한다.

"나는 지금 복음을 떠들고 다니는 수많은 사람들보다 훨씬 더 복음에 신경 썼다. 나는 이 개혁이 패덕하고 폭력적인 사람들을 수없이 양산했다는 것을 알고 있다. 그와 함께 순수한 학문이 퇴보의 길을 걷고 있고, 우호 관계도 깨지고 있다는 것을 알고 있다. 나는 피비린내 나는 폭동이 일어날까 두렵다. 그러나 그 어느 것도 나로 하여금 복음을 인간의 격정에 내맡기게 하지는 못할 것이다."

그는 자신이 루터에 맞섰더라면 권력자들에게서 얼마나 많은 감사와 박수를 받았을 것인지를 특히 강조하여 언급한다. 어쩌면 루터를 위해 그토록 요란하게 애썼던 멍청한 사람들보다 루터에게 반대 발언을 한 이들이 실제로 복음에 더 유익한 사람들이며, '비극에 단지 관객으로만 남는 것'은 그 멍청한 사람들을 위해서도 할 만한 일이 아니라는 것이다. 루터의 고집은 오히려 흔들리던 에라스무스의 의지를 견고하게 만들었다.

"실제로 비극적인 종말을 맞아서는 안 될 텐데."

219

그는 어두운 예감으로 탄식한다. 이제 그는 자신의 유일한 무기인 펜을 잡는다.

에라스무스는 자신이 어떤 막강한 적과 맞서고 있는지 완벽하게 의식하고 있다. 더욱이 지금까지 분노의 힘으로 모든 반대자를 쓰러뜨렸던 루터가 싸움에는 월등하다는 점을 분명히 알고 있다. 그러나 에라스무스가 가진 본래의 강점은 그가―예술가에겐 정말 드문 경우로―자기 자신의 한계를 안다는 데 있다. 그는 이 정신의 경기가 모든 교양인의 눈앞에서 벌어진다는 것을 알고 있다. 유럽의 모든 신학자와 인문주의자 들은 흥분하여 이 연극을 초조하게 기다린다. 난공불락의 위치를 점하는 것이 유리하다. 에라스무스는 루터와 달리 복음 교리에 경솔하게 달려들지 않고 루터의 독단이 지닌 약점, 쉽게 상처 입을 곳을 날카로운 눈으로 탐색하고 찾아낸다. 겉으로 보기엔 중요하지 않은 질문이지만, 아직은 견고하지 못하고 불확실한 루터의 신학적 학문 체계에 핵심을 찌르는 질문을 고른다. 당사자인 루터 자신도 인정할 수밖에 없다.

"나를 반대하는 모든 사람 중에 당신만이 문제의 핵심을 파악했소. 당신은 모든 문제의 중추를 인식하고, 이 싸움에서 목을 조인 유일한 사람이오."

에라스무스는 자신의 특출한 예술적 이해력으로 이 결투를 위해, 설득하겠다는 생각을 내세우는 대신 쇠주먹을 가진 그 사내가 자기를 완전히 쓰러뜨릴 수 없는 곳, 또한 모든 시대의 위대한 철학자들이 루터를 비호하지는 않는다는 사실을 깨닫게 될 장소를 고른다.

에라스무스가 논쟁의 중심으로 만든 문제는 영원한 신학의 문제인 인간 의지의 자유 또는 부자유에 관한 것이다. 루터가 엄격하게 지키고 있는 아우구스티누스의 예정설에 따르면 인간은 신의 영원한 포로이다. 인간에겐 자유 의지가 조금도 주어지지 않았다. 신은 인간이 행하는 모든 행위를 이미 오래전부터 미리 의식하고 있으며, 그 행위는 신에 의해 미리 결정되어 있는 것이다. 그러니까 어떤 훌륭한 일을 하든지 간에, 어떤 대단한 노력과 참회를 하든지 간에 자유 의지란 존재할 수 없으며, 원죄의 속박으로부터도 자유로워질 수 없다. 인간이 올바른 길로 나아가는 것은 오직 신의 은총에 맡겨져 있다. 현대의 관점으로 해석한다면 우리의 운명은 유전자와 환경에 완전히 지배당하고 있다는 것이다. 신이 뜻하지 않으면 우리 자신의 의지로는 아무것도 할 수 없다. 괴테식으로 말하자면 아래와 같이 이야기할 수 있다.

모든 의지는
우리가 무엇인가를 해야 하기에 존재할 뿐이다

그리고 그 의지 앞에서 자유 의지는 조용히 침묵한다

성스러운 힘, 신이 부여한 힘을 현세의 이성 속에서 인식하는 인문주의자 에라스무스는 이 같은 루터의 관점에 동의할 수 없다. 개개의 인간뿐만 아니라 인류 전체가 정직하고 단련된 의지를 통해 더 숭고한 도덕성으로 발전할 수 있다고 굳게 믿고 있는 그는 그처럼 경직되고 이슬람교적이기까지 한 광신에 철저하게 저항할 수밖에 없다. 그러나 어떤 주장에 대하여 냉혹하고 거칠게 '아니다'라고 한다면, 그는 에라스무스가 아닐 것이다. 언제나 그랬듯이 이번에도 그는 단지 극단주의만을, 자유 의지를 부정하는 루터의 결정론적 관점에 존재하는 그 냉혹성과 무조건성만을 거부한다.

그는 조심스럽게 이곳저곳을 살피는 태도로, 자기는 "확고 불변한 주장이라는 것에는 전혀 흥미가 없다"라고 말한다. 자신은 개인적으로 항상 의문을 품는 성향이지만, 그러한 경우에도 성경 말씀과 교회에 기꺼이 복종하겠다는 것이다. 이 같은 자신의 관점은 규명해 낼 수 없는 것이긴 하지만 성경에 비밀스럽게 표현되어 있으며, 그렇기에 자기는 루터처럼 인간 의지의 자유를 그토록 단호하고 철저하게 거부하는 것은 위험하다고 생각한다는 것이다. 그는 루터의 관점이 완전히 틀렸다고 하지는 않겠지만, 인간이 행하는 모든 일이 신 앞에서는 아무런 영향력도 갖지 못하고, 그렇기 때문에 쓸데없는 짓이라는 주장에 대해서는 저항한다고 말한다. 루터처럼 모든 것을 오로지 신의 은총에만 맡긴다면, 선을 행하는 것이 인간에게 무슨 의미를 갖겠는가? 영원한 중재자로서 그는 이렇게 제안한다. 인간에게는 최소한 자유 의지의 환상을 허용해야 한다. 그럼으로써 인간은 절망하지 않으며, 인간에게 신이 공포스럽고 불공정한 존재로 보이지 않게 된다.

"나는 몇 가지는 자유 의지에 맡기지만 많은 부분을 신의 은총에 맡기는 사람들의 의견에 동조한다. 왜냐하면 광신이라는 악에 끌려 들어가지 않으려다 거만이라는 또 다른 악에 빠지는 우를 범해선 안 되기 때문이다."

우리는 평화 애호자인 에라스무스가 싸울 때조차 상대방의 의견을 상당 부분 받아들이는 모습을 보게 된다. 그러나 그는 토론의 기능을 과대평가해서는 안 된다고 경고하고, 이렇게 자문한다.

"몇 가지 역설적인 주장 때문에 온 세상을 반란으로 끌어들이는 것이 과연 올바른가."

그리고 루터가 자신에게 조금만 양보하고 한 걸음만 자신의 의견을 받아들인다면 이 정신의 갈등도 평화와 화해로 끝날 수 있지 않을까 자문한다. 에라스무스는 신잉과 설득의 문제 앞에 서는 화형대에 올라서도 한 치도 포기하지 않을 그 사람, 타고

난 광신자로서 자기 교리 중 최소한의 것, 아주 사소한 것조차 한 치도 양보하지 않는, 양보할 바에 스스로 파멸하거나 세상을 파멸로 이끌 그 사람, 이 시대의 가장 강골인 루터가 양보의 이 해심을 보여 주길 희망한다.

루터의 극단적인 고집에 대한 에라스무스의 공격이 그의 불같은 성격을 자극했음에도, 루터는 즉각 대답하지 않는다. 그는 자기 식대로 무례하게 말한다.

"말하기 거북하지만, 난 에라스무스의 글과 책을 통독했다. 그러나 그것들을 다 읽고 생각한 건, 그것들을 의자 뒤로 집어 던져 버려야겠다는 것이었다."

그러나 1524년, 그에게 신학 토론보다 더 중요하고 더 어려운 문제가 닥친다. 모든 혁명가의 영원한 운명이 그에게서 실현되기 시작한다. 낡은 질서 대신 새로운 질서를 세우려 했던 그는 이제 폭발하는 파국의 힘에, 자신의 극단주의로 인해, 그리고 자기보다 더 극단적인 사람들에게 유린당하는 위험에 빠져드는 것이다. 루터는 말과 신앙고백의 자유만을 요구했지만 츠비카우의 지도자들과 카를슈타트와 뮌처는 이제 다른 것들을 요구한다. 루터가 '몽상가'라고 부른 그들은 황제와 제국에 반란을 일으키기 위해 복음의 이름으로 모인다. 귀족과 군주 들을 공격하는 루터의 말은 동맹 관계를 구축한 농민들에겐 창과 몽둥이 같은 무기가 된다. 루터가 단지 정신 혁명과 종교 혁명만을 원했던 것과 달리 억압받던 농민들은 이제 사회 혁명, 공산주의 혁명과 같은 혁명을 요구한다.

바로 그해에 루터에게 에라스무스가 겪은 것과 같은 비극이 되풀이된다. 자신이 원했던 것보다 더한 세계적 사건들이 자기 말로 인해 일어나는 것이다. 그가 우유부단함에 대해 에라스무스를 비난했던 것처럼, 이제 농민 봉기를 일으킨 자들, 교회 습격자들, 성화를 불태우는 자들이 루터를 '교황이나 별반 차이 없는 새로운 궤변론자', '흉악한 이교도 우두머리 놈', '아비도 모르고 태어난 반그리스도교도의 친구', '비텐베르크의 건방진 살덩이'라 욕한다. 에라스무스가 겪은 운명이 그에게도 찾아든 것이다. 루터가 정신과 종교의 뜻에 따라 요구했던 것을 대중과 광신적인 그들의 지도자들은, 바로 그 자신이 말했던 것처럼 '육욕적이고', 거칠기 짝이 없는 '선동'의 의미로 받아들인다. 하나의 파도가 다른 파도를 집어삼키는 영원한 혁명의 상황이다.

에라스무스가 지롱드파라면 루터는 로베스피에르파이고 토마스 뮌처와 그 추종자들은 마라파이다. 의심할 바 없이 확실한 지도자였던 루터는 갑자기 두 개의 전선, 너무 순한 온건파와 너무 난폭한 강경파에 맞서 싸워야 한다. 그리고 수 세기 동안 독일이 체험한 것 가운데 가장 끔찍하고 끔벅린내나는 폭동에, 이 사회적 혁명에 책임을 져야 한다. 농민의 무리는 그의 이름을 가슴에 간직하고 있고, 황제와 제국에 대한 그의 반란과 성공이 그 미천한 모든 반란자들에게 폭군과 귀족에 저항할 수 있는 용기를 주었기 때문이다. 이제 에라스무스는 정당하게 그에게 답할 수 있다.

"이제 우리는 네가 뿌린 씨앗의 열매를 수확한다. 너는 봉기자들을 받아들이지 않지만 그들은 너를 받아들인다. 너는 네 책들이, 무엇보다도 독일어로 쓴 그 책들이 이 불행에 원인을 제공했다는 생각에 반론하지 못할 것이다."

루터로서는 끔찍한 결정을 해야 한다. 민중에 뿌리를 박고, 민중 속에 살며, 군주들에 저항했던 그가 이제 자기의 뜻을 받들어 복음의 이름으로 자유를 위해 싸우는 농민들을 부정해야 하는 처지에 놓인 것이다. 처음으로 (그의 위치가 하룻밤 사이에 에라스무스의 위치와 아주 흡사해졌기 때문에) 그는 에라스무스식으로 행동해 보고자 한다. 그는 군주들에게 관대한 태도를 보이라 경고하고, 농민들에게는 "그리스도의 이름을 평화적이지 않고 조급하며 비그리스도적인 행동에 대한 부끄러움을 감추기 위한 평계로 이용하지 말라"고 경고한다. 그러나 자의식 강한 그로서는 참을 수 없는 일이 일어난다. 거친 민중들은 더 이상 그의 말을 따르지 않으며, 오히려 많은 것을 약속하는 다른 신학자들, 토마스 뮌처와 혁명주의적 신학자들의 말을 따르는 것이다. 결국 그는 자신의 마음을 결정해야 한다. 이 제어할 수 없는 반란이 그의 일을 위험에 처하게 만들기 때문이다. 그리고 그는 독일 내부에서 일어나고 있는 이 사회적 전쟁이 교황권에 저항하는 자신의 정신적 싸움을 방해하고 있다는 사실을 인식한다.

"이 반란의 살인 정신을, 그 정신을 가진 농민들과 함께 일소에 제거하지 못한다면, 이제 교황권에 관한 일도 상황이 달라질 수밖에 없다."

루터는 자신의 일과 자신의 사명이 문제될 때 주저함을 모른다. 혁명가 자체인 그는 독일 농민 혁명에 반대하는 쪽을 택한다. 그리고 어느 한 편을 택할 때 루터는 극단주의자답게 가장 거칠고 가장 일방적이며 가장 광포한 방식으로 일을 처리한다. 독일 농민에 대한 논박서인 다음 글은 그가 가장 위험에 처한 시기에 나온 것으로, 그가 쓴 모든 글 중에 제일 끔찍하고 피비린내 나는 글이다. 그는 이렇게 설교하고 있다.

"군주들 편에서 죽는 자는 행복한 순교자가 될 것이다. 군주 편을 공격하는 자는 지옥에 갈 것이다. 그렇기 때문에 여기에서는 몸을 던질 줄 알아야 하고 목을 조를 줄도 알아야 하며 또 칼로 찌를 줄도 알아야 한다. 은밀하게든 드러내 놓고든 여기에서 그런 일을 할 줄 아는 사람은 기억해야 한다. 반란을 일으키는 자들은 독과 같은 놈, 파괴자, 악마일 뿐 아무것도 아니라는 걸 말이다."

그는 가차없이 민중을 짓밟으려는 당국 편을 든다.

"당나귀는 매를 맞길 원하고, 천민은 힘으로 통치당하길 원한다."

이 광포한 싸움꾼은 관용과 은혜의 온화한 말을 모른다. 이 무적의 기사는 끔찍한 잔인성으로 비참하게 쓰러진 자들을 미친 듯 공격한다. 자신의 분노를 이기지 못하는, 걸출하면서도 과격한 그는 수많은 희생자들에게 동정심을 전혀 보이지 않는다. 그들 중 수천 명이 자신의 이름과 반란 행위에 믿음을 갖고 싸움에 참여했는데도 말이다. 뷔르템베르크의 전장이 피로 물들었을 때, 그는 결국 지독한 원한에 사로잡혀 이렇게 고백한다.

"나, 마르틴 루터는 봉기에 참여한 모든 농민을 때려죽였다. 내가 그들을 때려죽였으므로, 그들 모두의 피가 내 목까지 차올라 있다."

이러한 광포함, 이 끔찍한 증오의 힘은 그가 에라스무스를 향해 돌린 펜 안에도 숨어 있다. 그는 부수적인 신학 논의에 대해서는 에라스무스를 용인했는지도 모른다. 그러나 인문주의 세계의 모든 곳에서 자제하라는 호소가 일어나고, 열렬한 호응을 얻는 그 호소는 오히려 그의 증오심을 광란으로 몰아간다. 루터는 자기의 적들이 지금 승리의 노래를 부르고 있다는 생각에 미칠 것만 같다.

"그 위대한 마카베오Maccabeus •는 어디에 있는가? 자신의 가르침 위에 그렇게 굳건히 서 있었던 그는 어디에 있는가?"

더 이상 농민 문제에 신경 쓰지 않아도 되자, 루터는 에라스무스에게 대답하고자 할 뿐만 아니라 그를 완전히 때려 부수고자 한다. 그는 친구들이 모인 자리에서 공포스러운 말로 자신의 의도를 알린다.

"그러므로 나는 너희들에게 신의 명령으로 요구한다. 너희들은 에라스무스의 적이 되어야 할 것이고, 그의 책을 경계해야 한다. 너희들이 도중에 죽고 파멸하더라도 나는 그를 공격하는 글을 쓸 것이다. 나는 펜으로 그 사탄을 죽일 것이다."

그리고 그는 거만하게 이렇게 덧붙인다.

"내가 뮌처를 따르는 놈들을 죽였을 때처럼 그의 피가 내 목까지 차오를 것이다."

그러나 아무리 분노에 차 있고 핏줄의 피가 그토록 뜨겁게 끓고 있다 해도 그는 위대한 예술가요, 독일어의 천재임이 입증된다. 그는 자신이 어떤 위대한 상대와 대적하고 있는지 잘 알고 있다. 그의 저작은 그 의무감 때문에 위대해진다. 루터의 글은 사소한 싸움꾼의 것과는 다르다. 그는 근원적이며 포괄적이고, 묘사가 빛을 발하며, 열정으로 가득 찬 책, 자신의 신학적 학식뿐만 아니라 그가 가진 시인의 힘, 인간의 힘, 그 대부분의 힘

- 시리아에 대항하여 유대인의 해방 전쟁을 이끌었던 장군. 구약 성경 마카베오서의 주요 인물이다.

보다 더 대단한 힘을 보여 주는 책을 써낸다. 바로 의지의 부자유에 관한 종교 논문『노예 의지론De servo arbitrio』*이다. 이 책은 이 투쟁적 인간이 쓴 가장 강력한 논박서에 속하며, 서로 상반된 기질을 가진 에라스무스와 루터 두 사람 사이에 벌어진, 가장 강력한 사상 세계에서 이루어진 극히 의미 있는 토론에 속한다. 오늘날 우리가 보기에도 이 논의를 이끄는 이들은 얼마나 상반되어 있는가. 이 싸움은 위대한 두 상대를 통해 세계 문학의 정신적 사건으로 남는다.

루터는 공격을 개시하기 전에, 투구를 단단히 조여 매고 잔혹한 공격을 위한 창을 치켜들기 전에 잠시, 단지 예의를 갖추는 인사를 하기 위해 칼을 들어 올린다.

"나는 지금까지 어느 누구에게도 보이지 않았던 높은 존경과 찬미를 당신에게 드리는 바이오."

그는 에라스무스가 자신을 "관대하게, 그리고 어디에서나 부드럽게 대해 주었다"고 솔직하게 고백한다. 그리고 그는 에라스

---

* 루터의 가장 중요한 신학적 저술의 하나로서 1525년에 나온 이 책은 에라스무스가 루터에 반대하여 펴낸『자유 의지론De libero arbitrio』(1524)에 대한 반론서이다. 에라스무스는『자유 의지론』에서 이성과 의지 속에서만 신과 대면할 수 있다며 자유 의지를 변호했으나, 루터는 이에 반대하며 신은 모든 이성과 의지를 초월하기 때문에 인간의 구제는 오로지 기도로써 얻은 신의 은총을 통해서만 이루어진다고 했다.

무스가 자신의 모든 적 중에 "이 모든 일의 핵심을 인식했던" 유일한 사람이었음을 시인한다. 그러나 가식적인 경의를 마친 루터는 이내 단호하게 주먹을 말아 쥐고 거칠어진다. 자신의 전형적인 기질로 되돌아오는 것이다. 그가 에라스무스에게 대답하는 것은 "쓸모없는 수다쟁이의 아가리를 막아 버리라고 성 바울이 명령하기 때문"이다. 이제 공격이 꼬리를 물고 퍼부어진다. 뛰어난, 진실로 루터다운 언어 구성력으로 그는 에라스무스를 두들기기 시작한다.

"그는 어디에서든 달걀 위를 걸으면서도 달걀을 하나도 깨트리지 않으려 하며, 수많은 유리잔 사이를 걸으면서도 유리잔 하나도 건드리지 않으려는 자이다."

그는 빈정댄다.

"에라스무스는 확실한 주장은 전혀 하지 않으려 하면서 우리에게는 명확한 판단을 내려야 한다고 주장한다. 그것은 이슬비를 피하려고 뛰다가 물에 빠지는 꼴이다."

그는 간사스러워 보일 정도인 에라스무스의 조심성과 분명하게 나타나는 자신의 직선적이고 무조건적인 성격 사이의 대립을 단번에 드러내 보인다. "그자는 도대체 신앙보다도 육신의 평온을 위한 방과 육신의 안녕을 더 높이 간주하는" 반면, 자신은 "온 세상이 지금 당장 혼란에 빠지더라도, 나아가 온 세상이 당장 완전히 몰락하고 파멸하더라도 신앙고백을 할 준비가 되어 있다"는 것이다. 에라스무스가 자신의 글에서 신중할 것을 경고하고, 속세의 어느 누구도 철저한 확신과 책임감으로 해석해 낼 수 없는 많은 성경 구절을 언급하고 있음에도 루터는 그에게 신앙고백을 하라고 소리친다.

"확신이 없다면 그리스도교는 존재하지 않는다. 그리스도교도는 그리스도교의 교리와 그 문제에 확신을 가져야 한다. 그렇지 않다면 그는 결코 그리스도인이 아니다."

신앙 문제에 대해 의심하거나 미온적이고 주저하는 자는 신학에서 확실히 손을 떼야 한다는 것이다. 그는 에라스무스에게 호통친다.

"성령은 회의론자가 아니다. 성령이 우리의 가슴에 새겨 주는 것은 불확실한 망상이 아니라 강력한 확신이다."

루터는 인간은 신을 자기 내면에 간직할 때 선하고, 악마의 조종을 받으면 악하며, 피할 수 없고 영원불변한 신의 섭리 앞에서 인간의 의지란 공허하고 무력한 것이라는 자신의 주장을 완강하게 고수한다. 이러한 하나하나의 문제들 위로 점차 훨씬 더 큰 대립이 자라난다. 마치 분수령에 의해 양쪽이 갈라지듯, 이 두 종교 개혁자는 자기들의 기질에 맞게 그리스도의 본질과 사명을 두고 완전히 상반된 견해로 나뉜다.

인문주의자 에라스무스에게 예수 그리스도는 온 인류를 위한 예언자이며 이 세상에서 모든 유혈 사태와 모든 불화를 없애기 위해 자신의 피를 내어 준 거룩한 자이다. 신의 병사 루터는 다시금 예수 그리스도는 '평화가 아닌 칼을 주러 왔다'는 복음의 말을 주장한다. 에라스무스는 그리스도인이 되려는 자는 그리스도의 뜻에 따라 평화를 사랑하고 용서할 줄 알아야 한다고 말한다. 굽힐 줄 모르는 루터는 그리스도인은 신의 말씀이 걸려 있는 한 결코 양보해서는 안 되며, 만일 그렇지 않으면 온 세상이 멸망할 것이라고 대답한다. 몇 해 전 스팔라틴에게 쓴 다음의 글은 그의 인생 지표가 되는 말이다.

"반란, 분노, 저항 없이 난관이 극복될 수 있으리라고는 생각하지 말게. 자네는 칼로 펜을 만들 수 없으며 전쟁으로 평화를 만들 수 없겠지. 신의 말씀은 전쟁이고, 분노이며, 몰락이고, 독일세. 신의 말씀은 길가의 곰처럼, 숲속의 암사자처럼 에브라임Ephraim*의 아들들과 맞서 싸우고 있네."

그렇기 때문에 그는 화합하고 타협하라는 에라스무스의 외침을 강하게 거부한다.

"탄식하고 소리 지르는 일은 그만두시오. 어떤 의사도 이 열병을 치유하는 데 도움을 줄 수 없소. 이 싸움은 우리 주님의 싸움이오. 주님께서 이 싸움을 불러일으키셨고, 주님께서는 당

---

* 구약 성성에 등장하는 열두 지파 중 하나. 방탕하고 위선과 교만으로 가득했으며 우상 숭배에 빠져 하느님의 심판을 받는다.

신 말씀의 모든 적을 멸하실 때까지 이 싸움을 그만두시지 않을 것이오."

에라스무스의 연약한 말은 진정한 그리스도교 신앙이 부족하다는 것을 나타내는 것이다. 그렇기 때문에 에라스무스는 업적이 될 만한 라틴어와 그리스어 번역—루터의 솔직한 표현으로는 '인문주의 놀이'—이나 하면서 비켜서 있어야 하고, 깊은 신앙심을 가진, 철저한 신앙심을 가진 사람이 신에 대한 확신으로만 결정할 수 있는 문제들을 그 '장식된 언어'로 건드려서는 안 된다는 것이다. 루터는 에라스무스가 세계사적 사건이 된 이 종교 전쟁에 끼어들 생각을 확실하게 버려야 한다고 마치 독재자처럼 요구한다.

"당신은 우리의 일에 충분히 영향력을 행사했지만 그것은 신이 바라던 바가 아니었고, 신이 당신에게 그런 권한을 준 것도 아니었소."

그러나 루터 자신은 그러한 부름을 느끼고 있으며, 그렇기 때문에 양심에 전혀 거리낄 게 없다는 것이다.

"나는 내가 누구이며 무엇인지, 그리고 내가 어떤 정신과 본분을 통해 이 싸움에 임하게 되었는지를 비롯해 이 세상 모든 것을 알고 있는 신에게, 나의 이 일이 내 의지가 아닌 신의 거룩한 자유 의지로 시작되어 지금까지 수행되었음을 알고 있는 신에게 맡길 것이오."

이로써 인문주의와 독일 종교개혁 사이에 결별 편지가 쓰인 것이다. 에라스무스적인 것과 루터적인 것, 이성과 정열, 인류의 종교와 신앙의 광신, 초국가적인 것과 국가적인 것, 다면성과 일 방성, 융통성과 고지식함은 마치 물과 불처럼 서로 화합하지 못 한다. 이 땅 위에서 이러한 것들이 서로 맞붙어 싸울 때, 본질의 힘은 분노 속에서 또 다른 본질의 힘에 맞서게 된다.

루터는 자기가 공개적으로 에라스무스에게 대항했던 점에 대해 서 결코 그에게 용서를 구하지 않을 것이다. 이 광포한 싸움꾼은 싸움에서 자기의 적을 완전히 없애 버리는 것 이외에 다른 결과 를 참지 못한다. 에라스무스가 자신의 관용적 성격에 비하면 상 당히 격한 글이라 할 수 있는 『비난에 대한 변호Hyperaspistes』* 에 만족하고 다시금 자신의 연구에 되돌아가는 반면, 루터에게서는 증오가 계속해서 불타오르고 있다. 그는 감히 자신의 교리를 조 목조목 반박했던 그 사내에게 끔찍한 비방을 퍼부을 기회가 오 기를 엿본다. 에라스무스가 탄식했던 것처럼 '살인적인' 그의 증 오는 어떠한 비난 앞에서도 물러서지 않는다.

---

* 에라스무스는 자신의 『자유 의지론』을 루터가 『노예 의지론』으로 반박하자 다 시 이 글로 루터를 반박했나. 2부로 구성된 상당히 장황한 글로, 1526~1527 년에 작성되었다.

235

"에라스무스를 으깨 버린다면 그건 빈대를 눌러 죽인 것과 마찬가질세. 그놈의 빈대는 살아 있을 때보다 죽어서 더 악취를 풍긴단 말이지."

루터는 그를 '그리스도의 가장 지독한 적'이라 부른다. 그리고 한번은 사람들이 그에게 에라스무스의 초상화를 보여 주자, 그는, "이 자는 신과 종교 두 가지를 다 조롱하고 밤낮으로 애매한 말만 생각해 내며, 그가 많은 말을 한 것으로 생각들 하고 있지만 실제로는 아무 말도 하지 않은 교활하고 음험한 사내"라고 험담한다. 그는 모여 있는 친구들에게 화를 내며 소리친다.

"나는 내 유언장에 이런 말을 남기려고 하네. 나는 에라스무스를 천 년 동안 존재한 적이 없었던 그리스도의 최대의 적으로 간주한다고 말일세. 나는 자네들 모두를 이 말을 확인해 줄 증인으로 택하겠네."

그리고 결국 그는 신성모독적인 말을 하는 극단으로 치닫는다.

"나는 '당신의 이름을 거룩하게 하옵시고'라고 하듯이, 나는 '신을 비방하고 욕되게 하는 모든 이단자들과 에라스무스를 저주하옵시고'라고 기도한다네."

그러나 눈에 뜨거운 핏발이 선 분노의 인간, 루터가 항상 투사인 건 아니다. 내키지 않더라도 자신의 교리와 활동을 위해서는 일시적으로 외교관이 되어야 한다. 사실 친구들은 그에게 연륜 높고 전 유럽이 존경하고 있는 그 사람에게 그렇게 난폭한 욕설과 비방으로 대든다는 것이 얼마나 현명치 못한 처신인지 지적해 주었다. 그래서 루터는 손에서 칼을 놓고 올리브 가지를 집어 든다. 그는 광포한 논박문을 쓴 지 일 년 만에 그 '신의 최대의 적'에게 자기가 너무 심하게 대했던 것에 용서를 구한다는, 장난 같은 편지를 쓴다. 그러나 이번에는 에라스무스가 거칠게 타협을 거절한다. 그는 강하게 대답한다.

"나는 최근의 욕설로 그렇게 공격당하고도 하찮은 우스갯소리나 아첨으로 진정될 만큼 그런 유치한 성품을 가진 사람이 아니오. 내가 무신론자라느니, 신앙 문제에 있어 회의론자라느니 하는 그런 비열한 거짓말과 그 모든 모욕적인 발언이 도대체 무슨 이득이 있었소. 나는 모르겠소, 그 모든 것이 무엇을 위한 것이었는지. 우리 두 사람 사이에 일어난 일은 중요하지 않소. 최소한 이제 죽음을 앞둔 내게는 그렇소. 그러나 나를 비롯한 분별 있는 모든 사람을 분노하게 만드는 것은 당신의 교만하고 부끄러워할 줄 모르는, 폭도와 같은 그 태도가 온 세상을 파괴하고 있다는 점이오. 당신의 의지로 인해 이 폭풍이, 내가 그토록 이루고자 싸워 왔던 화해의 결말로 끝나지 않을 것이라는 점이 우리를 분노케 한단 말이오. 우리의 불화는 개인적인 문제요. 그러나 널리 퍼진 이 난국과 불치의 혼란이 내 마음을 아프게 하오. 우리는 당신에게 제대로 충고하는 사람의 말을 전혀 듣지 않으려는 당신의 그 길들일 수 없는 기질 말고는 다른 어느 것에도 감사하지 못할 것이오. 당신에게 훌륭한 조언을 하는 사람들은 당신의 그런 기질이 계속되길 바라지 않고 있소. 나는 당신이 당신을 무아지경에서 날뛰도록 만든 그런 성향과는 다른 성향이길 바랐소. 당신 또한 당신이 원하는 모든 것을 내게 바랄 수 있을 거요. 하지만 그것은 주님이 당신의 정신 상태를 바꿔 주는, 예외적인 상태에서나 가능할 것이오."

에라스무스는 보통 때와는 다른 단호함으로 자신의 세계를 파괴한 그의 손을 밀쳐 버린다. 그는 교회의 평화를 파괴하고 독일과 세계에 가장 끔찍한 정신의 '혼돈'을 가져온 그 사내에게 더는 인사조차 하지 않으려 한다.

그러나 혼돈은 이미 세상에 존재하며, 누구도 그 혼돈을 피할 수 없다. 에라스무스도 마찬가지다. 불안은 운명이 그에게 준비해 준 법칙이다. 그래서 그가 평안을 열망할 때면 언제나 그를 둘러싼 세상이 격노한다. 그가 중립성 때문에 피해 들어왔던 도시, 바젤도 종교개혁의 열기에 휩싸인다. 군중들은 교회를 습격하여 성화와 제단의 조각품들을 뜯어내고는 대성당 앞에 세 무더기로 쌓아 놓고 불태운다. 에라스무스는 경악하여 자신의 영원한 적, 광신이 자기 집 주위에서 횃불과 칼을 들고 광란하는 것을 바라본다. 이러한 혼란 속에 하나의 작은 위안만이 그에게 주어진다.

"피는 흘리지 않았다. 적어도 이 상태는 유지되어야 할 텐데."

그러나 바젤이 개혁파의 도시가 되자 그는 그 모든 파벌에 혐오감을 느끼고 더 이상 그 도시의 울타리 안에 머무르려 하지 않는다. 나이 예순의 에라스무스는 자기 작업의 평온을 위해 더 조용한 오스트리아의 프라이부르크*로 거처를 옮긴다. 그곳의 시민과 당국은 그를 정중하게 맞이하고 그에게 황제의 궁전 하나를 거처로 제공한다. 그러나 그는 그 호화로운 저택을 거절한다. 그는 조용히 작업을 계속하고 평화롭게 죽기 위해 수도원 옆의 작은 집을 택한다.

어느 곳에서도 파벌에 가담하지 않으려 했기에 어디에서도 편안치 못했던 이 중립의 남자를 위해 역사는 웅대한 상징을 만들어 줄 수 없었다. 에라스무스는 뢰벤이 너무도 가톨릭 쪽이었기에 그 도시에서 도망쳐야 했고, 바젤은 신교도의 도시가 되어 나와야 했다. 어떤 독단에도 관계하려 하지 않고, 어떤 파를 위한 결정도 하지 않으려는 이 자유로운 정신, 어디에도 예속되지 않는 이 정신은 지상 어디에서도 정착지를 찾지 못하는 것이다.

---

* 현재는 독일 도시이지만 나폴레옹 전쟁 이전에는 오스트리아에 속했다.

종말

종말

에라스무스는 고통으로 웅크린 몸으로, 침대에 누워 떨리는 손으로
밤낮을 가리지 않고 쓰고 또 쓴다. 원전에 주석을 달고
가철본을 만들고 많은 편지를 쓴다. 그는 명예나 돈을 위해
글을 쓰지 않는다. 오로지 은밀한 기쁨에서, 정신적인 삶을 통해
배우기 위해, 그리고 배움을 통해 다시금 더 강하게 살기 위해,
지식을 들이마시고 내쉬기 위해 글을 쓴다.

예순의 남자 에라스무스는 세상의 혼란과 불안을 피해―얼마나 자주 그래 왔던가!―프라이부르크에서 피곤한 기색으로, 기력을 모두 쇠진한 채, 다시 책에 둘러싸여 앉아 있다. 작고 마른 몸은 점점 더 허물어져 가고, 주름진 온화한 얼굴은 점점 더 신비한 기호와 룬 문자가 적힌 양피지를 닮아 간다. 한때 정신을 통한 세계의 부활과 순수한 인간성을 통한 인류의 개혁을 열망했던 그는 점차 날카롭고 조소적인 태도의 남자가 되어 간다. 마치 늙은 홀아비처럼 변덕스럽게 학문의 몰락과 적들의 악의, 비싼 물가, 사기꾼 같은 은행원, 맛없고 질 나쁜 포도주에 대해 여러 불평을 해댄다. 크게 상심한 그는 도무지 평화를 유지하지 않으려 하는, 매일 이성이 격정에 공격당하고 정의가 폭력에 습격당하는 세상 속에서 자기 자신이 점점 더 낯설어지고 있음을 느낀다. 그의 심장은 이미 오래전에 기력을 상실했다. 그러나 놀라울 정도로 밝고 맑은 머리와 손은 그렇지 않다. 그의 머리는 마치 등불처럼 깨끗한 정신의 시야에 들어오는 모든 것들 위로 끊임없이 순수한 광채를 발한다. 그의 곁에는 유일한 친구, 가장 오래된 친구, 최고의 친구가 충직하게 앉아 있다. 그 친구는 바로 '일', 글 쓰는 일이다.

에라스무스는 매일 서른에서 마흔 통의 편지를 쓰고 여러 교부들의 글을 번역하여 2절판의 대형 서적을 메꾸어 나간다. 자신의 대화록을 보충하고 방대한 양의 미학 서적과 도덕 서적을 만드는 데 온 힘을 쏟는다. 그는 글쓰기를 통해 정의와 이성의 의무를 믿는 사람의 의식意識으로 이 배은망덕한 세상에 영원한 이성의 말을 전하는 일을 한다. 그러나 그는 미쳐 버린 듯한 세상에서 사람들에게 인간성을 환기하는 일이 아무런 의미도 없음을 이미 오래전에 깨달았다. 그는 자신이 품은 인문주의의 숭고하고 고귀한 이념이 패배했음을 알고 있다. 그가 원했던 모든 것, 얻고자 애쓴 모든 것, 싸움 대신 타협과 화해의 조정은 광신자들의 고집에 좌초한 상태다. 그의 정신의 국가, 플라톤적인 학자 공화국은 현실의 한가운데서, 흥분한 파벌들의 전쟁터 한가운데서 설 자리를 찾지 못한다.

종교와 종교 사이에, 로마와 취리히와 비텐베르크 사이에 광포한 싸움이 일어나고, 독일, 프랑스, 이탈리아, 스페인에서는 휘몰아치는 폭풍우처럼 끊임없이 전쟁의 출정이 이어진다. 그리스도의 이름은 전쟁터의 암호가 되었고 군사 행동을 위한 깃발이 되었다. 신의 대리인과 고지자 들이 복음이란 말을 전투용 도끼처럼 사용한 이래 논박문을 쓰고 영주들에게 정신 차리라고 경고하는 일이 얼마나 우스운 일이 되었으며, 복음의 교리에 대변자가 된다는 것이 얼마나 무의미한 일이 되었는가.

"모두가 복음, 신의 말씀, 믿음, 그리스도, 그리고 정신이라는 다섯 단어를 입에 담는다. 그러나 나는 그들 중 많은 이가 마치 악마에 홀린 듯 행동하는 것을 보고 있다."

그렇다. 정치적으로 과도하게 자극받고 있는 시대에 계속해서 중재자와 조정자가 되고자 한다는 것은 더 이상 아무런 의미도 없다. 도덕적으로 통일된 세계제국, 유럽 인문주의의 세계제국이라는 고귀한 꿈은 끝났다. 그리고 인류를 위해 그런 꿈을 꾸는 자, 바로 그 사람, 늙고 지쳐 버린 남자, 에라스무스는 이제 불필요하다. 아무도 그의 말에 귀를 기울이지 않기 때문이다. 세상은 그를 비켜 지나간다. 세상은 이제 그를 필요로 하지 않는다.

그러나 촛불은 꺼지기 전에 한 번 더 필사적으로 타오른다. 이념은 시대의 폭풍에 억눌리기 전에 한 번 더 그 마지막 힘을 펼친다. 에라스무스의 사상, 화해와 중재의 이념은 그렇게, 짧지만 대단하게, 바로 그 순간 빛을 발한다. 양 세계의 주인, 카를 5세는 의미 있는 결심을 한다. 그는 이제 더 이상 부름스 의회 때의 불안한 청년이 아니었다. 여러 실망과 경험은 그를 성숙

시켰고, 마침 프랑스로부터 쟁취한 커다란 승리는 그에게 확신과 권위를 제공해 주었다. 독일로 돌아온 그는 종교 분쟁으로 무너진 질서를 회복하고 루터가 파괴한 교회의 화합을 힘으로라도 다시 이루어 내리라 결심했다. 그러나 그는 곧 에라스무스의 뜻에 따라 힘 대신에 타협으로 낡은 교회와 새로운 이념 사이에 화해를 이루고자 하며, 화합되고 개혁된 그리스도교 교회로 나아갈 모든 논의가 사랑으로 이루어지고 또 철저하게 검토될 수 있도록 '현명하고 선입관 없는 사람들의 공의회'를 소집해 보고자 한다. 그렇게 카를 5세 황제는 아우크스부르크에 제국 의회를 소집한다.

아우크스부르크에서 열린 이 제국 의회는 독일의 가장 중요한 운명적 순간 중 하나이며, 독일을 넘어 인류의 진정한 운명적 순간이고, 다음에 올 수 세기의 여러 사건을 내포하는 결정적인 역사적 계기 중 하나다. 겉으로는 보름스 제국 의회만큼 드라마틱하지는 않을지라도 역사적으로 영향을 주는 결정을 내렸다는 점은 다른 어느 의회에도 뒤지지 않는다. 여기에서 다룬 문제는 보름스 의회 때와 마찬가지로 서양의 정신적, 종교적 통일과 관련한 것이다.

아우크스부르크에서 처음 며칠간 양편은 에라스무스의 사상, 즉 그가 끊임없이 되풀이해 요구하고 있는 정신적, 종교적 적대자들 간의 화해라는 의견에 상당히 호의적인 반응을 보인다. 옛 교회와 새로운 교회, 두 세력 모두 위기에 처해 있어서 서로 양보할 준비가 되어 있기 때문이다. 가톨릭교회는 종교개혁이 마치 산불처럼 유럽 북부 전체를 엄습하여 시시각각 타들어 오고 있음을 지각한 이후, 당초 그들을 하찮은 독일 이단으로 치부해 버리던 오만을 상당히 내려놓았다. 네덜란드가, 스웨덴이, 스위스가, 덴마크가, 그리고 특히 영국이 이미 새로운 교리에 정복당했고, 늘 자금난에 처해 있는 도처의 영주들은 복음의 이름으로 부유한 교회의 재산을 회수하는 것이 자기들의 재정에 이롭다는 것을 깨닫고 있다. 로마의 낡은 무기, 저주를 곁들인 파문과 악마 쫓기 의식은 이미 오래전에, 아우구스티누스회 수도사가 교황의 파문장을 힘차게 타오르는 불꽃에 공개적으로 태워 버린 이후로 카노사의 시대와 같은 힘을 더 이상 갖고 있지 않다. 열쇠의 힘을 가진 자, 교황이 자신의 천사의 성에서 약탈당한 로마를 내려다보아야만 했던 이후 교황의 권능에 대한 자의식은 가장 끔찍하게 상처받았다. 바로 그 '로마의 약탈Sacco di Roma'*은 수십년 동안 교황청의 용기와 자부심을 혼란에 빠뜨렸다.

한편 보름스에서의 영웅적이고 떠들썩했던 시간 이후, 루터

---

* 1527년과 1528년에 카를 5세의 독일 용병과 스페인 용병이 교황 클레멘스 7세에 대항하여 로마로 진격해 로마를 황폐화한 사건.

와 그의 추종자들에게도 근심의 시간이 다가왔다. 신교의 진영에서도 '교회의 아름다운 화합'은 그 상황이 좋지 않았다. 루터가 완성된 조직을 갖춘 교회를 건설하기 전에 벌써부터 그에 맞서는 교회들, 츠빙글리와 카를슈타트의 교회, 영국 헨리 8세의 교회, 그리고 반종교개혁파와 재세례파 등의 교파가 생겨난다. 그 철저한 믿음의 광신자는 자신이 정신적으로 원했던 것을 많은 사람들이 육체적인 의미로 이해하고 자신들의 이익을 위해 끔찍하게 이용하고 있다는 사실을 이미 인식하고 있었다. 훗날 구스타프 프라이타크Gustav Freytag는 루터의 비극을 가장 멋지게 표현하고 있다.

"위대한 것을 새롭게 창조할 수 있도록 운명에 의해 선택받은 자는 그와 동시에 자기 인생의 일부를 파괴한다. 그가 양심적일수록 그는 자기가 세상의 질서에 만들어 놓은 단절을 자기 내면에서 더욱더 깊게 느낀다. 그것은 남모르는 고통이며, 모든 위대한 역사적 사상의 회한이기도 하다."

평상시 같으면 화해를 모르는 이 강한 인간에게서 처음으로 가벼운 타협의 의지가 보인다. 평소 그의 의지를 바짝 죄어 주었던 동료들과 독일의 영주들도 자기들의 주인이자 황제인 카를 5세가 다시 칼로 무장하고 있다는 것을 눈치채고 더욱 조심스러운 입장을 취한다. 그들 중 많은 사람이 이 유럽의 주인에게는 반항하지 않는 것이 아마도 이로울 것이라 생각한다. 굽히지 않고 고집을 부렸다가는 목도 잃고 나라도 잃을 수 있다고 느끼는 것이다.

이제 독일의 종교 문제에 끔찍한 고집이 처음으로 사라진다. 이전에도 없었고 이후에도 없을 일이다. 이러한 광신의 완화를 통해 엄청난 가능성이 주어진다. 에라스무스의 뜻에 따라 옛 교회와 새로운 교리 간에 타협이 이루어지면 독일은 다시 화합될 것이고, 세계가 정신 속에서 다시 화합을 이룰 것이다. 그리고 문화적, 물질적 가치를 잔혹하게 파괴하면서 백 년을 끌어온 종교 전쟁, 시민전쟁, 국가 간의 전쟁도 피할 수 있게 될 것이다. 세계에 대한 독일의 도덕적 지배가 보장될 것이고 종교 박해의 치욕도 피하게 될 것이다. 화형장의 장작더미가 불타오르지 않아도 될 것이며 정신의 자유에 금서목록이나 종교재판과 같은 끔찍한 낙인을 찍을 일이 없어질 것이다. 시험에 들었던 유럽은 이제 엄청난 고난을 면하게 될 것이다. 아주 작은 틈만이 아직 서로를 갈라놓고 있다. 상호 인정을 통해 그 간극이 극복되면 이성은, 인문주의는, 에라스무스는 다시 한번 승리하는 것이다.

이번에 신교의 대리자 임무가 양보할 줄 모르는 루터가 아닌 훨씬 외교적인 멜란히톤의 손에 맡겨졌다는 점은 타협의 가능성과 기회를 높여 준다. 신교의 가장 성실한 교우이자 루터의 협력자면서 온화하고 기품 있는 이 남자는 특이하게도 평생 위대한 상대, 에라스무스의 충성스러운 경배자이자 흔들림 없는 학생이기도 했다. 그의 사려 깊은 천성에는 에라스무스의 뜻에 따른 인문주의와 인간애의 관점이 루터의 강하고 엄격한 형식보다 감정적으로 더 가깝다. 그러나 루터의 모습과 힘은 그를 제어하고 암시적으로 그에게 강하게 작용한다. 멜란히톤은 비텐베르크에서 루터와 가까이 관계하면서 자신이 그의 의지에 완전히 예속되어 그에게 헌신하고 있음을 느낀다. 명확하고 조직적으로 사고하는 정신을 지닌 멜란히톤은 모든 열의를 다해 루터를 돕는다.

그러나 여기 아우크스부르크에서는 그의 본질의 다른 부분, 즉 멜란히톤의 내면에 존재하는 에라스무스적 성향이 지도자의 최면을 벗어나 거침없이 뻗어 나갈 수 있다. 멜란히톤은 아우크스부르크에 체류하는 동안 거리낌 없이 최대한 유화적인 태도를 취한다. 너무 양보하여 거의 옛 교회로 다시 들어간 듯 보인다. 스스로 시인하듯 '그렇게 부드럽고 조용하게 나설 수 없는' 루터를 대신해 멜란히톤이 작성한 『아우크스부르크 신앙고백Augsburger Konfession』은 명확하고 정교한 형식에도 불구하고 가톨릭교회에 대해 난폭한 도발 태도를 전혀 취하지 않는다. 그들은 토론에서도 침묵으로 중요한 주제를 조심스럽게 피한다. 그래서 루터가 에라스무스와 그토록 격분하며 싸웠던 예정설이나 교황의 신적 권리, 성직자라는 신분이 갖는 영원한 특성, 그리고 7성사聖事와 같은 미묘한 문제들은 논의되지 않는다.

양편의 사람들은 놀랍게도 중재의 말을 귀담아듣는다. 멜란히톤은 이렇게 쓴다.

"로마의 교황이 우리를 쫓아내지 않는다면 우리는 로마 교황의 권위와 교회의 모든 경건성을 존중할 것입니다."

반대편 바티칸의 한 대표자는 반쯤 공식적인 입장에서 성직자의 결혼과 성찬식 포도주를 일반 신자도 영하도록 하는 문제를 논의할 의향이 있다고 밝힌다. 많은 어려움에도 불구하고 참여자들은 이미 하나의 조용한 희망을 실현하고 있다. 이제 지고한 도덕의 권위를 가진 한 사람, 내면에 열정적인 평화의 의지를 가진 그가 이 자리에 있다면, 그는 중재를 위한 웅변의 온힘과 자신이 가진 논리의 기술, 그리고 대가다운 언어 표현력으로 모든 노력을 다할 것이다. 그는 아마도 마지막 순간에 자신이 모두 가깝게 관계하고 있는 양편, 신교도와 가톨릭교도를, 한편은 공감을 통해, 다른 한편은 신뢰를 통해 하나로 화합시킬 수 있을 것이다. 그리고 유럽의 사상은 구원받게 될 것이다.

이러한 일을 할 수 있는 유일한 사람은 바로 에라스무스다. 그래서 양쪽 세계의 주인 카를 황제는 그에게 의회에 참석할 것을 강력하게 요청했다. 그는 전에도 에라스무스에게 조언과 중재를 청했던 적이 있었다. 그러나 앞을 내다보면서도 결코 과감하게 전진하지 않는 성격 때문에, 어느 누구보다도 세계사적인 순간을 잘 인식하면서도 그 개인적인 연약성 때문에, 그리고 불치의 용기 부족 때문에 결정을 미루는 에라스무스의 모습이 또다시 비극적으로 되풀이된다. 말하자면 여기에서도 그는 역사적 과오를 되풀이하는 것이다. 보름스 제국 의회 때와 마찬가지로 에라스무스는 아우크스부르크 제국 의회에 출석하지 않는다. 타고난 성품 탓에 문제에 대해 신념을 내세울 결심을 하지 못한다.

그는 편지를 쓴다. 양편에 수많은 편지를 쓴다. 매우 현명하고, 인간적이며, 설득력 있는 편지를 쓴다. 그는 양쪽 진영의 자기 친구들, 멜란히톤과 교황의 사절이 화해를 이룰 수 있도록 애쓴다. 그러나 긴장된 운명의 시간에 글로 쓰인 언어는 뜨거운 피가 흐르는 살아 있는 호소의 힘을 결코 갖지 못한다. 한편 코부르크에 있던 루터도 멜란히톤을 더 엄하고, 더 강하게 만들기 위해 계속해 통지를 보낸다. 결국 천부의 소질을 가진 올바른 중재자가 없기 때문에 양쪽의 대립은 또다시 완강해진다. 수많은 토론 중에 타협 사상은 마치 씨앗이 맷돌에 으깨지듯 으스러지고 만다. 아우크스부르크의 위대한 종교 회의는 그리스도교도들을 결국 두 개의 신앙으로 찢어 놓는다. 세상에는 평화 대신에 불화가 자리한다. 루터는 단호하게 결론을 내린다.

"이제 전쟁이 일어나도 어쩔 수 없다. 우리는 충분히 기도했고, 할 만큼 했다."

에라스무스도 비극적 결론을 내린다.

필리프 멜란히톤
루카스 크라나흐 작

"이 세상에 끔찍한 혼란이 일어나는 것을 보게 될 때, 에라스무스가 그것을 예고했었다는 점을 상기하시오."

'에라스무스적' 이념이 마지막 패배, 결정적인 패배를 당한 바로 그날부터 프라이부르크의 서재에 들어앉아 있는 이 늙은 사내는 불필요한 존재일 뿐이며, 한때 찬란했던 명성의 빛바랜 그림자일 뿐이다. 그리고 그는 이 시끄러운 시대에, 좀 더 정확하게 말하자면 이 광포한 시대에 조용한 관용의 인간은 무의미하다는 사실을 누구보다도 잘 알고 있다. 평화의 신념을 전혀 모르는 세상 속에서 무엇을 위해 이 허약하고 관절염 앓는 몸뚱이를 아직도 끌고 다녀야 하는가? 한때 그토록 사랑받던 삶이었지만 에라스무스는 이제 지쳐 버렸다. 그의 입술에서는 비애를 느낄 정도로 애절한 호소가 흘러나온다.

"신이시여, 이 광란의 세상에서 절 당신 곁으로 데려가 주소서!"

광신이 심장을 채찍질한다면 정신은 도대체 어디에 정주할 수 있단 말인가? 그가 건설한 숭고한 인문주의 제국은 적들에 포위되었고 이미 반쯤은 함락되었다. 교육과 웅변_eruditio et eloquentia_의 시대는 지나갔다. 사람들은 문학의 세밀한 언어, 깊은 사색 끝에 나온 언어를 더 이상 듣지 않는다. 그들이 듣는 유일한 언어는 거칠고 격정적인 정치의 언어다. 사고와 사색은 패거리들의 망상이 되어 버렸고, 루터식 아니면 교황식으로 획일화되었다. 학자들도 품위 있는 편지와 소책자로 논쟁을 벌이는 것이 아니라 시장 바닥 아낙네들처럼 거칠고 저급한 욕지거리를 서로 던져 댄다. 아무도 다른 사람들을 이해하지 않으려 하며, 모두가 다른 사람들에게 자기파의 신앙을, 자기만의 원칙을 도장 찍듯 난폭하게 강요한다. 옆에 비켜서 있고자 하며 자기 나름의 신앙을 지키려는 사람들은 고통을 당한다. 양쪽 파벌 사이에 있는 사람들과 파벌을 극복하려 하는 사람들에겐 두 배의 증오가 달려든다.

이러한 시대에 단지 정신만을 추구하는 사람은 얼마나 고독해지겠는가! 아, 정치의 소란과 고함 한가운데서 세련된 중간음과 부드럽고 인상적인 반어를 들을 귀가 막혀 있다면 누구를 위해 글을 써야 한단 말인가? 자기가 옳다는 증거로 난폭한 병사들과 기병대, 대포를 끌어 대는 광신자와 독선가 들의 손아귀에 신의 가르침이 들어간 이후, 누구와 신의 가르침에 대해 이야기할 수 있으며 신학 토론을 할 수 있단 말인가?

다른 생각을 가진 자, 자유로운 사상가에 대한 몰이사냥이, 편협의 독재가 시작되었다. 사람들은 곤봉과 사형 집행인의 칼로 그리스도교에 봉사해야 한다고 생각한다. 신앙고백자들 중에서 가장 정신적이었고 가장 용감했던 그들이 가장 난폭한 폭력을 선택한다. 에라스무스가 예고했던 혼란이 닥쳐 왔다. 모든 나라에서 들려오는 끔찍한 소식이 절망하고 지친 그의 가슴에 사정없이 들이닥친다. 파리에서는 그의 제자이자 그의 글을 번역한 베르캥Louis de Berquin이 타오르는 불에 타 죽었고 영국에서는 그가 사랑했던 존 피셔와 그의 가장 고귀한 친구, 토마스 모어가 도끼 밑으로 끌려갔다.(자신의 신앙을 위해 순교자가 될 수 있는 힘을 가진 자는 복될지어다!) 에라스무스는 그 소식을 듣고 신음한다.

"그들의 모습으로 내가 죽은 것만 같구나."

편지와 우호적인 이야기를 자주 주고받았던 츠빙글리는 카펠의 전쟁터에서 맞아 죽었다. 토마스 뮌처는 그 누구도 더는 끔찍하게 고안할 수 없는 기구들로 고문당해 죽음에 이른다. 그들은 재세례파 교인들의 혀를 뽑고, 벌겋게 단 집게로 사제들의 몸을 갈기갈기 찢고 기둥에 묶어 불태워 버린다. 다른 편 사람들은 교회를 약탈하고 책과 도시를 불태운다. 용병들은 세계의 영광, 로마를 폐허로 만들었다. 오, 신이시여, 어떤 야수의 본능이 당신의 이름으로 광란하고 있는 것입니까!

이 세상에는 사상의 자유, 이해와 관용, 인문주의 가르침의 근원 사상을 위한 공간이 더 이상 존재하지 않는다. 예술은 이토록 피비린내 나는 땅 위에서 번영할 수 없다. 국가를 초월하는 공동체의 시대는 수십 년, 수백 년, 아니 영원히 사라져 버렸다. 그리고 통일된 유럽의 그 마지막 언어, 그의 심장의 언어, 라틴어도 서서히 사라져 간다. 에라스무스도 그렇게 죽어 가고 있다.

그러나 그의 삶의 운명은 다시 한번, 이제 마지막으로 손짓한다. 이 영원한 방랑자는 다시 방랑의 길에 올라야 한다. 그는 거의 일흔의 나이에 다시 집을 나와 도망한다. 프라이부르크를 떠나 브라반트로 가라는, 말로 설명할 수 없는 요구가 그를 엄습했다. 그곳의 대공이 그를 부르긴 했으나, 진정으로 그를 부른 것은 다른 자, 바로 죽음이었다. 알 수 없는 불안이 에라스무스를 사로잡았고, 세계주의자로, 의식적으로 고향 없이 살았던 자로 전 생애를 보낸 그는 두려운 가운데서도 고향의 땅을 향한 사랑 가득한 욕구를 느낀다. 지친 육체는 되돌아가고자 한다. 그가 당도해 있는 곳을 떠나고자 하는 것이다. 그의 내면은 이 여행이 마지막 길로 이어지리라는 것을 예감하고 있다.

그러나 그는 목적지에 이르지 못한다. 보통 때 같으면 여자들이나 사용할 작은 마차가 다 쓰러져 가는 그를 바젤로 데려다주었다. 이 늙은 남자는 거기에서 한동안 쉬면서 얼음이 풀리고 봄이 되어 고향 브라반트로 갈 수 있을 때까지 기다리고자 한다. 그 사이에 바젤은 그를 붙잡는다. 여기에는 아직 무언가 정신의 온기가 남아 있다. 여기에는 여전히 프로벤의 아들Hieronymus Froben 과 아머바흐와 같은 몇몇 성실한 사람들이 살고 있다. 그들이 이 늙은 병자를 위해 편안한 거처를 마련해 준다. 그들은 에라스무스를 자기 집에 모신다.

그리고 낡은 인쇄소도 여전히 그곳에 있다. 에라스무스는 다시 행복하게, 머릿속에 담아 두었거나 써 놓았던 말이 인쇄된 언어로 바뀌는 것을 체험할 수 있으며, 인쇄기의 기름 냄새를 맡을 수 있고, 깨끗하게 인쇄된 아름다운 책을 손에 쥘 수 있으며, 매우 조용하고 진정 평화를 사랑하는 그 책들과 교훈적인 대화를 나눌 수 있다. 하루 중 네다섯 시간 이상 침대를 떠나 있는 것조차 힘겨운, 지쳐 버린 에라스무스는 세상과 격리되어 아주 조용히 생애의 마지막 시간을 보낸다. 그의 내면은 혹독한 추위를 느낀다. 그는 자신이 잊힌 존재이며 배척당하고 있음을 느낀다. 가톨릭에서는 더 이상 그를 찾지 않으며 신교도들은 그를 조소한다. 이제 누구도 그를 필요로 하지 않는다. 아무도 그의 판단이나 격언을 요청하지 않는다.

　"내 적은 점점 많아지고 내 친구들은 사라지고 있구나."

　다른 인간과의 정신적 교류가 삶에서 가장 아름다운 것이고 가장 행복한 것이었던 이 고독한 남자는 절망하여 탄식한다.

　그러나 보라. 마치 때를 놓친 제비가 이미 한겨울의 혹독한 추위로 얼어붙은 창문을 두드리듯 경외의 인사말이 다시 한번 그의 고독한 문을 두드린다.

　"지금의 제 모습, 저를 쓸모 있는 존재로 만든 것은 오직 당신 덕분입니다. 이 사실을 고백하지 않는다면 저는 시대를 막론하고 가장 배은망덕한 사람이 될 것입니다."

그가 라틴어로 말을 잇는다.

"안부 올립니다, 한 번 더 안부 올립니다. 사랑하는 아버지, 조국의 명예, 예술의 수호신이시여, 어느 누구도 넘볼 수 없는 진실의 투사시여.*Salve itaque etiam atque etiam, pater amantissime, pater decusque patriae, litterarum assertor, veritatis propugnator invictissime.*"

이 글을 쓴 사람의 이름은 후에 에라스무스의 이름 위에서 빛나게 된다. 이제 막 얻고 있는 명성의 떠오르는 여명 속에서 죽어 가는 대가의 석양에 인사하고 있는 그는 프랑수아 라블레 Francois Rabelais이다. 얼마 후 로마에서 다른 편지가 도착한다. 일흔의 에라스무스는 그 편지를 조급히 뜯어본다. 그러나 그는 쓴웃음을 지으면서 편지를 놓아 버린다. 그를 조롱하는 것일까? 새로운 교황은 가장 많은 봉급을 받는 추기경 직위를 그에게 제안한다. 일생 동안 자유를 위해서 세상의 모든 자리를 경멸적으로 거절했던 그에게 말이다. 에라스무스는 이 모욕적인 존경의 표현을 점잖게 거절한다.

"죽어 가는 사람인 내가 평생 거부해 왔던 그 무거운 짐을 받아들여야 한단 말이냐?"

아니다, 자유롭게 살았던 것처럼 자유롭게 죽어야 한다! 자유롭게, 평범한 시민의 옷을 입고, 어떤 휘장이나 세속의 명예 없이, 고독한 모든 사람처럼 자유롭게, 그리고 자유로운 모든 사람처럼 고독하게.

그러나 모든 고독의 영원한 친구, 가장 성실한 친구이자 최고의 위로자, 글쓰기, 그것은 마지막 순간까지 이 병자의 곁을 떠나지 않는다. 에라스무스는 고통으로 웅크린 몸으로, 침대에 누워 떨리는 손으로 밤낮을 가리지 않고 쓰고 또 쓴다. 원전에 주석을 달고 가철본을 만들고 많은 편지를 쓴다. 그는 명예나 돈을 위해 글을 쓰지 않는다. 오로지 은밀한 기쁨에서, 정신적인 삶을 통해 배우기 위해, 그리고 배움을 통해 다시금 더 강하게 살기 위해, 지식을 들이마시고 내쉬기 위해 글을 쓴다. 모든 현세적 존재의 영원한 수축과 이완만이, 이 같은 순환만이 그의 피를 돌게 만든다. 그는 마지막 순간까지 일하면서, 글쓰기의 성스러운 미로를 통해 자신이 인정하지 못하고 이해하지 못하는 세상을, 그를 인정하지 않으려 하고 이해하지 않으려 하는 세상을 피한다.

이 위대한 평화 전수자는 마침내 침대로 간다. 이제 그가 가까이 와 있다. 에라스무스가 평생을 지극히 두려워했던 죽음이. 완전히 지쳐 버린 이 남자는 그를 조용히, 그리고 감사하는 마음으로 마주 본다. 마지막 이별의 순간까지 에라스무스의 정신은 맑다. 그는 침소 주위에 둘러선 친구들, 프로벤과 아머바흐를 옵의 친구들과 비교하고, 유연하고 명민한 라틴어로 그들과 대화한다. 그러나 마지막 순간, 호흡곤란이 그의 목을 죄자 기이한 일이 일어난다. 위대한 인문주의 학자, 평생 라틴어로만 대화하고 말했던 그가 갑자기 그토록 익숙한 언어, 자기에겐 자명한 그 언어를 잊어버리는 것이다. 피조물의 원초적 불안 속에서 굳어 가는 입술은 갑자기 어린 시절에 배웠던 고향의 언어를 더듬거리며 말한다.

"사랑하는 하느님이시여.lived God."

그의 삶의 첫 번째 말과 마지막 말은 저지 독일어Niederdeutsch였다. 그런 다음 다시 한 번의 호흡, 그리고 그 자신이 온 인류를 위해 그토록 깊이 열망했던 것, 평화를 맞이한다.

에라스무스의 유산

인류애의 사상이,

인간을 더 사랑하고 더 정신적이 되어야 하며

더 이해하는 사람이 되는 것이 인류의 가장 숭고한 과제라는,

소박하지만 동시에 영원한 그 사상이 세상에 들어갈 수 있도록

글로써 길을 놓아 준 것은 에라스무스의 명예로 남을 것이다.

비록 현세의 공간에서는 패배했을지라도.

죽어 가는 에라스무스가 유럽의 화합이라는 자신의 정신적 유산을 가장 고귀한 과제로 후대 사람들에게 맡기던 바로 그 시간, 피렌체에서는 세계사에 가장 결정적이고 대담한 책 중의 하나, 니콜로 마키아벨리의 악명 높은 『군주론Il Principe』이 출간된다. 수학처럼 명확한 이 무자비한 권력 및 정치 교과서에는 에라스무스와 반대되는 원칙이 마치 교리 문답서처럼 분명하게 공식화하여 담겨 있다. 에라스무스가 군주들과 민중들에게 개인적인 권리, 이기적이며 제국주의적인 권리보다 자발적이고 평화적인 온 인류의 우호 공동체를 중요하게 생각하라고 요구한 반면, 마키아벨리는 모든 군주와 모든 국가의 권력 의지, 힘의 의지를 최상위 목표이자 유일한 목표로 승격시킨다. 마키아벨리에 따르면 민족 공동체의 모든 힘은 종교적 이념보다 민족 사상을 위한 것이어야 한다. 모든 역사적 발전은 국가와 개인의 권리 신장이라는 유일하고 분명한 국시國是를 위해 존재해야 하고, 이 국시의 가차 없는 관철이 세상의 가장 숭고한 과제가 되어야 한다. 마키아벨리의 최종 목표는 권력과 권력 신장이고, 에라스무스의 궁극적 목표는 정의와 공정이다.

이로써 전 시대에 걸쳐 모든 세계 정치의 위대하고 영원한 두 가지 기본 형식, 즉 이상 정치와 현실 정치, 윤리적 정치와 외교적 정치, 인류를 위한 정치와 국가를 위한 정치라는 두 가지 형식이 정신의 영역으로 쏟아져 들어온다. 철학적 세계 관찰자인 에라스무스에게 정치는 아리스토텔레스, 플라톤, 토마스 아퀴나스의 뜻에 따른 윤리의 범주에 속한다. 군주, 국가 지도자는 무엇보다도 신의 종이어야 하고 도덕 이념의 대표자여야 한다. 이와 반대로 국가의 실리적 경영에 익숙한 전문 외교관인 마키아벨리에게 정치는 도덕과 무관한 철저히 독자적인 학문이다. 정치는 천문학이나 기하학만큼 윤리와 관련이 없다. 군주와 국가 지도자는 인류에 대해서, 그 모호하고 엄청난 개념에 대해서 꿈꿀 필요가 없으며, 감상을 완전히 배제한 채 인간을 그저 감각적으로, 주어진 재료로서 계산해야 하고, 그들의 힘과 약점, 심리의 극한적 긴장을 이용하여 자신과 자신의 국가를 위해 철저하게 이용해야 한다. 그들은 장기를 두는 사람처럼 분명하고도 냉정하게 적에게 배려나 관용을 베풀어서는 안 되며, 허용된 것이든 허용되지 않은 것이든 상관없이 모든 수단을 동원하여 자기들의 국민이 이룰 수 있는 최고의 이익과 헤게모니를 얻어 내야 한다. 권력을 얻고 이를 확장하는 것은 마키아벨리에게 최상위에 위치하는 의무이며 성공은 군주와 국민의 결정적 권리이다.

힘의 원칙을 찬미하는 마키아벨리의 견해는 역사의 실제 공간에서 자명하게 관철될 수 있었다. 이후 유럽 역사의 드라마틱한 발전을 결정지은 것은 조정과 화해의 인류 정치도 아니었고, '에라스무스적인 것'도 아니었다. 바로 『군주론』의 뜻에 따라 모든 기회를 단호하게 이용하는 권력 정치였다. 모든 외교관들은 무서울 정도로 예리한 시각을 가진 그 피렌체인의 정치 교과서의 냉혹한 기술을 배웠다. 국가 간의 국경은 피와 칼로 결정되어 문서에 기록되었고, 계속해서 다시 새롭게 고쳐졌다. 유럽의 모든 민족에게서 열정적인 에너지를 끌어낸 것은 협력이 아니라 대립이었다.

이와 반대로 에라스무스의 사상은 지금까지 역사를 형성한 적이 한 번도 없었으며 유럽의 운명을 형성하는 데 분명한 영향을 끼친 적도 없었다. 정의의 정신 속에서 이루어지는 대립 해소라는 위대한 인문주의의 꿈, 공동의 문화라는 목표 속에서 열망하던 여러 국가들의 통일은 이루어지지 못했다. 아니, 우리의 현실에서는 아마도 결코 이루어질 수 없을 유토피아로 남게 되었다.

그러나 정신의 세계에서는 반대의 결과를 보이기도 한다. 현실 공간에서 승리한 모습으로 나타나지 않는 것도 정신세계에서는 역동적인 힘으로 남아 있고, 이루어지지 못한 이상도 가장 강력한 것으로 증명되곤 한다. 그렇기 때문에 어떤 이념이 현실로 드러나지 않는다 해서 그 이념이 패배한 것도 아니며, 잘못된 것으로 입증되는 것도 아니다. 그리고 어떤 필수적인 일이 늦어진다고 해서 그것이 필수적이지 않게 되는 것도 아니다.

또한 모든 새로운 세대에 도덕의 추진 요소로 계속 작용할 수 있는 유일한 것은 이미 이루어져서 힘이 쇠진한 것이 아니라 아직 실현되지 않은 이상이다. 아직 실현되지 않은 이상만이 영원한 회귀성을 갖는다. 그렇기 때문에 인문주의 이상, 에라스무스의 이상, 유럽의 화합을 위한 그 분명한 첫 번째 시도가 힘을 갖지 못했고 정치적 영향을 거의 끼치지 못했다는 사실을 들어 평가 절하해서는 안 된다.

파벌을 초월하겠다는 의지의 본성에는 언젠가 파벌을 이루고 다수가 되겠다는 열망이 존재하지 않으며, 그러한 의지의 본질 속에는 숭고하고 지고한 괴테적 삶의 형식, 그 침착한 삶의 형식이 언젠가는 대중 영혼의 형식과 내용이 될 수 있으리란 기대도 존재하지 않는다. 세상을 바라보는 시각의 폭과 지성의 총명함으로 등급을 나눌 수 있다는 모든 인문주의 이상은 본래 정신적, 귀족적 이상으로 남도록 결정되어 있다. 이러한 이상은 원래 소수에게만 주어져 있는 것이고, 정신에서 정신으로, 한 세대에서 다음 세대로 이어지는 유전자처럼 그 소수에 의해 관리되는 것이다. 그러나 다른 한편으로 우리 인류가 갖고 있는 미래의 공동체 운명에 대한 믿음은 아무리 혼란스러운 시대가 온다 해도 결코 사라지지 않을 것이다.

에라스무스, 실망한 늙은 남자, 그렇다고 우리가 실망해서는 안 될 이 늙은 남자가 전쟁과 유럽의 분열이라는 혼란 한가운데서 유산으로 남겨 놓은 것은 다름 아닌 앞으로 도래할, 결코 막을 수 없는, 모든 종교와 신화가 갖고 있는 희망인 '인류의 교화'라는 새로운 원초적 꿈이었으며, 이기적이고 일시적인 격정에 대해 분명하고 공정한 이성이 승리하는 희망의 꿈이었다. 에라스무스가 흔들리는 손으로, 때로는 자신감을 잃은 손으로 그려 놓은 이러한 이상은 수십 세대에 이르도록 유럽의 시각에 희망과 활력을 불어넣어 주었다.

명료한 정신, 순수한 도덕의 힘으로 생각하고 말한 것은 그어느 것도 헛된 것이 아니다. 그것이 힘없는 손에 의해 이루어지고 완벽한 형식을 갖추지 못했다 하더라도, 그것은 항상 새로운 도덕 정신을 형성하도록 자극한다. 인류애의 사상이, 인간을 더 사랑하고 더 정신적이 되어야 하며 더 이해하는 사람이되는 것이 인류의 가장 숭고한 과제라는, 소박하지만 동시에 영원한 그 사상이 세상에 들어갈 수 있도록 글로써 길을 놓아 준 것은 에라스무스의 명예로 남을 것이다. 비록 현세의 공간에서는 패배했을지라도.

그의 뒤를 이어 '비인간성이 악덕 중 가장 나쁜 악덕'이라 생각하고 "나는 그 악덕을 경악하지 않고 생각할 용기가 없다"라고 말하는 그의 제자 몽테뉴가 통찰과 관용을 전파한다. 스피노자는 맹목적인 정열 대신 '정신적 사랑amor intellectualis'을 요구하고, 디드로, 볼테르, 레싱, 여타 회의주의자들과 이상주의자들이 모두를 이해하는 관용을 위해 편협에 맞서 싸운다. 실러의 문학에서는 세계시민의 정신이 활기차게 일어나고, 칸트는 영구적인 평화를 요구한다. 톨스토이, 간디, 롤랑Romain Rolland에 이르기까지 타협의 정신은 논리적 힘으로 폭력의 자위권 옆에서 자신의 도덕적 권리를 요구한다.

불같은 분열의 순간, 인류의 평화는 가능하다는 믿음이 나타난다. 인류는 도덕적으로 향상할 수 있다는 위안의 환상 없이는, 마지막 화합의 꿈 없이는 결코 살 수 없고 일할 수도 없기 때문이다. 약삭빠르고 냉혹한 계산꾼이 '에라스무스적인 것'은 가망이 없다고 늘 새롭게 입증하더라도, 그리고 현실이 그 계산꾼의 계산이 옳았다고 끊임없이 인정한다 해도, 우리 모두에게는 분열된 민족들에게 화합을 말하고, 앞으로 다가올 더 지고한 시대사상인 인류애를 전 인류의 가슴에 심어 주는 그런 사람이 절대적으로 필요할 것이다.

이 유산 속에는 위대한 약속이 창조적인 힘으로 살아 있다.

자기만의 삶의 공간을 넘어 모든 인류에게 정신을 불어넣어 주는 그 무엇이 있다면, 그것만이 각각의 개인들에게 자기의 힘을 넘어서는 힘을 선사해 줄 수 있다. 우리 인간은 개인의 욕심을 초월한, 실현 불가능해 보이는 요청에서 자기의 진정한 기준, 성스러운 기준을 느낀다.

옮긴이의 말

에라스무스는 고대언어 문법학자, 종교 사상가, 성서 번역가, 그리고 작가로서 16세기 유럽 인문주의를 대표하는 인물이다. 그는 기독교 윤리와 철학을 바탕으로 모든 독단과 편협에 맞서 유럽 문화의 정신적 통일을 추구한 이성의 대변자인 동시에 교육자이기도 하다. 이 책을 쓴 작가 슈테판 츠바이크는 이 위대한 인문주의자를 '최초의 의식 있는 세계주의자이자 유럽인'이라 불렀다. 모든 사람이 공감할 수 있는 보편성과 인간성의 근원에 대한 깊은 이해, 인간에 대한 따뜻한 시각을 가지고 있는 츠바이크에게 혼돈의 시대에 모든 폭력을 거부하고 화합과 윤리의 정신을 지켜 준 에라스무스는 자신의 삶과 이상을 비추어 볼 수 있는 거울이기도 했다. 그렇기 때문에 츠바이크에게 있어서 중요했던 것은 에라스무스의 위대함 자체가 아니라 그가 어떻게 살았는가였다.

츠바이크의 예리한 시선은 에라스무스의 삶을 추적하면서 에라스무스가 평생 잃지 않았던 자세, 바로 그 중립의 자세를 그대로 유지한다. 균형을 잃지 않는 츠바이크의 판단력과 관찰력은 에라스무스와 인문주의의 위대함과 단점을 공정하게 서술하고 비판한다. 인간의 조화, 인류에 대한 믿음으로 시대의 정신을 이끌었던 인문주의는 그 같은 인간애의 정신에도 불구하고 교육받지 못한 하층 민중에게 눈을 돌리지 않았다. 츠바이크는 인문주의 정신을 높이 평가하면서도 바로 이 같은 인문주의의 오류를 놓치지 않고 비판한다. 민중과 '함께'가 아니라 민중의 '위에' 군림하려 했던 인문주의는 한계에 부딪힐 수밖에 없었다. 세속의 모든 유혹을 뿌리치고, 기독교의 독단과 편협성, 광신과 폭력에 맞서 화합과 조화의 인간을 추구한 에라스무스의 정신은 그를 역사 속의 승리자로 만들었다. 그러나 행동을 결정하는 데 있어 결단의 힘이 부족했다는 것은 그의 비극이었다. 에라스무스는 정신과 이념에서는 승리했으나 현실에서는 패배자로 남았다. 여기에 츠바이크는 종교개혁과 관련하여 에라스무스의 주변에 있던 인물들, 특히 루터, 후텐 등과의 관계를 극적 대비를 통해 치밀하게 구성하고 있어 독자에게 그의 삶을 객관적으로 판단할 수 있는 공간을 마련해 주는 동시에, 긴장감 있는 인간관계에서 오는 읽는 재미를 더하고 있다. 또한 츠바이크는 대부분 현재형의 시제를 사용하여 16세기의 이야기를 현재의 공간으로 끌어들인다. 이를 통해 먼 과거의 역사는 새롭게 되살아나 우리의 현실로 이어진다.

이 작품이 간행된 1934년은 히틀러가 모든 권력을 장악하고 제국 수상이 된 지 1년이 지난 시기이다. 폭력을 부정하고 평화와 자유를 갈구한 휴머니스트 츠바이크에게 나치라는 독선적 광신자들의 움직임은 결코 용인할 수 없는 것이었다. 이 소설이 간행된 이듬해인 1935년, 츠바이크는 나치를 피해 망명을 해야 했고 자신의 작품이 그들에 의해 금서로 묶이는 뼈아픈 체험을 겪어야 했다. 츠바이크는 망명을 떠나기 전, 그 혼돈의 시대에 에라스무스의 모습을 빌려 자신의 사상적 입장과 신념을 밝히고 있는 것이다. 따라서 이 작품은 단순한 평전이나 전기소설이 아니다. 이 책은 혼돈의 시대를 통과해야 했던 작가 츠바이크 자신의 내면적 자화상이며 정신적 상흔의 기록이기도 하다.

츠바이크 자신이 에라스무스의 모습을 빌려 폭력과 혼란의 그 시대에 항의하고 평화와 화합의 정신을 일깨웠듯이, 에라스무스는 다시 21세기의 혼돈 속에 살고 있는 우리들에게 새롭게 다가온다. 현재의 국내 상황만 보더라도 우리의 주변은 정치를 비롯한 각 분야에서 극한 대립과 분열, 갈등에 싸여 있다. 일방적인 자기주장과 증오만 난무할 뿐인 우리 사회의 모습은 천박함 그 자체로 보인다. 에라스무스의 시선으로 보자면 여전히 우리의 시대는 '광신의 격류'

를 견뎌 내야 하는 시대다. 올바른 판단과 존중의 정신, 인내의 노력이 필요한 때다. 소설의 마지막 장, 마키아벨리와의 비교를 통해 에라스무스가 추구한 윤리의 범주로서의 정치, 도덕 이념의 대표로서의 정치에 관한 내용은 여전히 그 후진성을 벗어나지 못하는 우리의 정치 현실을 되돌아보게 할 것이다. 이 소설은 한 외국 작가가 유럽을 세계의 중심으로 보는 역사관에서 쓴 것이지만, 그 시대와 공간의 차원을 넘어 현재를 사는 우리에게 진정한 인간의 삶이 어떤 것인지 다시 생각해 볼 수 있는 기회를 제공할 것이다.

이 책은 1997년 12월에 처음 간행되고(도서출판 자작나무), 2006년에 아롬미디어를 통해 재간행 되었으나 절판되어 아쉬움이 컸다. 그러나 이 책의 가치를 인정하여 다시 독자와의 만남을 마련해 준 원더박스에 감사의 마음을 전한다. 이번, 세 번째 간행을 위해 문장을 다시 다듬고 오역 수정과 함께 여러 가지 보완 작업을 거쳤다. 이는 원고를 철저하게 검토해 준 원더박스의 도움 덕분이다. 참으로 감사한 일이다. 이 책을 번역하는 데 큰 도움을 주신 분이 있다. 츠바이크는 이 소설 속에 여러 문장 또는 어휘를 인용하면서, 그 인용 출처에 따라 라틴어, 이탈리아어, 프랑스어를 그대로 옮겨 놓고 있다. 이 부분은 1997년 첫 번역 당시 동덕여대 독문과에 계셨던 게르만 호흐 German Hoch 교수의 도움을 받았다. 성가신 일임에도 일일이 확인해 가며 번역에 도움을 주신 선생님께 여전히 고마운 마음을 갖고 있다.

이 작품에는 수많은 세계사의 인물들과 비유를 위한 신화의 인물들, 그 밖에 우리에게 생소한 여러 가지 비유와 작품명이 등장한다. 작품을 읽어 가는 흐름에 방해될 줄 알면서도 텍스트의 내용을 이해하는 데 도움이 되리라 생각하여 비교적 많은 각주를 달았다. 작가가 말하고자 하는 것을 되도록 모두 전하려는 역자의 의도로 이해해 주기 바란다. 끝으로 번역을 위한 텍스트로는 『Stefan Zweig : Triumph und Tragik des Erasmus von Rotterdam, Frankfurt am Main 1981 (Fischer Verlag)』을 사용했음을 밝힌다.

2022년 10월
정민영

ERASMUS

에라스무스의 초상(1517)

캥탱 마시 작

'헤라클레스의 업적들'이라는 책 위에 손을 얹고 있는 에라스무스(1523)
한스 홀바인 작

옮긴이 **정민영**

한국외국어대학교 독일어과 및 동 대학원을 졸업하고(독문학박사) 독일 뷔르츠부르크 대학에서 현대독문학을 수학했다. 한국브레히트학회 회장을 역임했으며 현재 한국외국어대학교 독일어과 교수로 재직하고 있다.

『하이너 뮐러 극작론』,『카바레―자유와 웃음의 공연예술』,『하이너 뮐러의 연극 세계』(공저),『청년 브레히트』(공저),『브레히트 연극사전』(공저) 등을 썼고,『뮐러 희곡선』,『뮐러 산문선』,『하이너 뮐러 평전』,『로리오 코미디 선집』, 카를 발렌틴의 『변두리 극장』, 우르스 비드머의『정상의 개들』, 볼프강 바우어의『찬란한 오후』, 탕크레드 도르스트의『검은 윤곽』, 엘프리데 엘리네크의『욕망』, 욘 포세의『가을 날의 꿈 외』,『이름/기타맨』,『저 사람은 알레스』, 뤼디거 자프란스키의『괴테, 예술작품 같은 삶』(공역) 등을 우리말로 옮겼으며, 정진규 시선집『Tanz der Worte』 (말씀의 춤)을 홀머 브로흘로스Holmer Brochlos와 함께 독일어로 옮겼다.

에라스무스 평전
광기에 맞선 이성

2022년 10월 12일 초판 1쇄 발행

지은이 슈테판 츠바이크 • **옮긴이** 정민영
펴낸이 류지호 • **상무이사** 김상기 • **편집이사** 양동민
책임편집 곽명진 • **편집** 이상근, 김희중, 곽명진 • **디자인** firstrow
제작 김명환 • **마케팅** 김대현, 정승채, 이선호 • **관리** 윤정안

펴낸곳 원더박스 (03150) 서울시 종로구 우정국로 45-13, 3층
대표전화 02) 420-3200 • **편집부** 02) 420-3300 • **팩시밀리** 02) 420-3400
출판등록 제300-2012-129호(2012. 6. 27.)

ISBN 979-11-90136-86-0 (03990)